LES

JEUNES PERSONNES

DEVENUES

Célèbres par leur Piété filiale, leur Courage,
leurs Talents, etc.

PAR M. A. ANTOINE

ROUEN
MÉGARD ET Cie, IMPRIM.-LIBRAIRES

BIBLIOTHEQUE MORALE

DE

LA JEUNESSE

18958

Rose et ses trois jeunes sœurs sauvent le cavalier Morineau.

LES

JEUNES PERSONNES

DEVENUES

Célèbres par leur Piété filiale, leur Courage, leurs Talents, etc.

PAR M. A. ANTOINE

ROUEN
MÉGARD ET Cie, IMPRIM.-LIBRAIRES

Propriété des Éditeurs.

Mégarulais

Avis des Éditeurs.

Les Éditeurs de la **Bibliothèque morale de la Jeunesse** ont pris tout à fait au sérieux le titre qu'ils ont choisi pour le donner à cette collection de bons livres. Ils regardent comme une obligation rigoureuse de ne rien négliger pour le justifier dans toute sa signification et toute son étendue.

Aucun livre ne sortira de leurs presses, pour entrer dans cette collection, qu'il n'ait été au préalable lu et examiné attentivement, non seulement par les Éditeurs, mais encore par les personnes les plus compétentes et les plus éclairées. Pour cet examen, ils auront recours particulièrement à des Ecclésiastiques. C'est à eux, avant tout, qu'est confié le salut de l'Enfance, et, plus que qui que ce soit, ils sont capables de découvrir ce qui, le moins du monde, pourrait offrir quelque danger dans les publications destinées spécialement à la Jeunesse chrétienne.

Toute observation à cet égard peut être adressée aux Éditeurs sans hésitation. Ils la regarderont comme un bienfait non seulement pour eux-mêmes, mais encore pour la classe si intéressante de lecteurs à laquelle ils s'adressent.

LES JEUNES PERSONNES DEVENUES CÉLÈBRES.

CHAPITRE I.

HÉLÈNE ET ERNESTINE,
ou
LES JEUNES FILLES CHARITABLES.

Mme Demonval, institutrice d'un mérite fort distingué, et dont le bel établissement est situé sur l'un des boulevards intérieurs de Paris, avait au nombre des externes de son pensionnat deux jeunes personnes des plus intéressantes, filles d'un riche propriétaire voisin de la pension. Hélène et Ernestine étaient leurs noms. En classe, elles offraient le modèle des enfants studieux ; leurs compagnes trouvaient en elles de bonnes et sincères amies ; leurs charmants caractères et leurs précieuses qualités faisaient la joie de leur famille.

Il arriva que, dans le cours d'une semaine, elles se montrèrent tellement préoccupées pendant la tenue des classes, que les études en souffrirent ; et tandis qu'auparavant elles surpassaient les autres écolières, elles se trouvèrent surpassées à leur tour.

Si l'institutrice fut surprise de ce changement dans les habitudes de ses deux élèves, de son côté, Mme Gabrielle, leur mère, ne l'était pas moins de ne plus leur trouver l'enjouement ordinaire, ni le goût qu'elles avaient eu jusque-là pour le travail ; c'est-à-dire qu'elles avaient coutume d'employer leurs moments de loisirs à la confection de toute sorte d'habillements de poupées, depuis les chapeaux les plus élégants jusqu'à des bonnets de paysannes ; tricotaient des bas de soie pour les unes, de coton et de laine pour les autres; faisaient de belles robes de satin et jusqu'à de simples camisoles et des jupons d'indiennes. En bonne mère de famille, et quoique ayant de la richesse, Mme Gabrielle apprenait ainsi à ses filles à pouvoir se suffire à elles-mêmes dans un autre âge, dans le cas où des revers de fortune viendraient les atteindre, comme un tel malheur est arrivé et arrive encore journellement, non seulement à des propriétaires, à des commerçants que de fausses ou hasardeuses spéculations ruinent, mais encore à de riches et éminents personnages que les révolutions frappent d'une cruelle manière, en les proscrivant du lieu qui les a vus naître et de la patrie à laquelle ils appartiennent.

Non seulement Hélène et Ernestine n'étudiaient plus si bien que de coutume à la pension et ne se livraient plus avec le même zèle à leurs travaux favoris dans la maison paternelle, mais, en outre, l'appétit leur manquait, au point qu'elles rapportaient journellement à la maison une partie des provisions qu'on leur fournissait le matin pour le dîner qu'elles faisaient à la pension. Et pourtant elles assuraient n'être point malades; car leur

1.

mère ne manquait pas de les presser de questions à cet égard, de même que la maîtresse de pension les exhortait sans cesse à ne point ralentir l'ardeur qu'elles avaient jusque-là témoignée pour l'étude.

Dans une telle occurrence, une tendre mère sait que ses devoirs lui imposent l'obligation de pénétrer tout ce qui lui semble mystérieux. Mme Gabrielle alla donc trouver l'institutrice pour conférer avec elle sur ce qui se passait, et leur entretien les jeta toutes deux dans une bien plus grande perplexité ; car il résulta de ce qu'elles se communiquèrent que tous ces petits habillements de poupées qu'Hélène et Ernestine confectionnaient avec tant d'activité pour les distribuer, disaient-elles, à leurs compagnes de classe, n'étaient point apportés à la pension. Il parut singulier à Mme Gabrielle que ses filles, si sincères avec elle, lui eussent dit une chose qui n'était point exacte. Elle fut bien plus étonnée quand Mme Demonval lui assura qu'Hélène et Ernestine avaient toujours le même appétit, mangeaient tout autant que par le passé, mais qu'il n'était pas étonnant qu'elles eussent trop de nourriture, puisqu'elles apportaient une provision plus ample que de coutume. Mme Gabrielle, qui présidait elle-même à la distribution des vivres, n'avait nullement fait augmenter les rations depuis huit jours; c'était encore là un mystère qu'elle se proposa d'éclaircir à son retour chez elle, en s'informant si à la cuisine on fournissait, à son insu, une augmentation plutôt nuisible qu'utile, puisque le fait prouvait que ces enfants avaient de trop. Il est positif qu'il ne faut point manger à satiété si l'on veut se bien porter. On put donc présumer qu'un peu d'excès de nourriture occasionnait du dérangement dans les facultés physiques et morales des deux jeunes filles, et l'on attribua à cette cause l'apathie qui leur était si peu ordinaire dans leurs études, ainsi que le relâchement que l'on remarquait dans leurs occupations manuelles. Restait à savoir où passaient tous ces petits produits de leurs travaux. Mme Demonval promit de s'enquérir de cela dès le lendemain même : la journée du lendemain devait donc amener à la connaissance de la mère et de l'institutrice des faits qu'il leur importait de pénétrer à fond.

Dès son retour à la maison, Mme Gabrielle questionna ses domestiques sur les aliments que ses filles emportaient à la pension, et elle fut convaincue qu'on ne leur en fournissait pas en surplus de ce qu'elle leur donnait elle-même : en effet, comment ces enfants eussent-elles eu l'idée d'en quêter en cachette, lorsqu'elle ne leur avait jamais refusé ce qu'elles paraissaient désirer ?

— Il se passe pourtant quelque chose d'extraordinaire, dit-elle, et il est essentiel que je sois instruite des plus petites particularités que l'on pourrait savoir. Vous connaissez tous ma tendresse pour mes filles, ce serait un grand tort que de ne point m'éclairer à leur sujet.

— Eh bien! Madame, reprit Lise, sa femme de chambre, je vais vous révéler un secret...

A ces mots, tous les domestiques parurent étonnés; ils s'imaginèrent que les deux demoiselles pouvaient être coupables de quelque chose que Lise n'ignorait pas, et qu'en dévoilant cela, cette fille allait attirer des réprimandes, peut-être même un châtiment à ces intéressantes créatures ; tous redoutaient donc les paroles qui allaient sortir de sa bouche. Lise ne fut pas sans s'apercevoir de l'impression qu'elle venait de produire, car cette fille avait du discernement ; mais elle était sincèrement attachée à sa maîtresse, et elle aurait cru manquer essentiellement à ses devoirs en se taisant.

— Oui, dit-elle, quand madame nous questionne avec bonté sur des objets qui lui sont si chers, nous serions coupables de ne pas répondre à sa confiance. Voici le fait : Mlles Hélène et Ernestine n'ayant pas apporté, la semaine dernière, le *billet de satisfaction* que leur maîtresse de pension leur a constamment délivré jusque-là, il en est résulté qu'elles n'ont point reçu la gratification d'usage. Je me suis bien aperçue, comme madame, qu'elles ont du chagrin, et j'en ressentais moi-même beaucoup de peine. Ce matin donc, Mlle Hélène, portant la parole pour elle et sa sœur, m'a dit : « Lise, voudrais-tu nous rendre un service? — Ah! n'en doutez pas, si c'est en mon pouvoir. — Tu sais que nous n'avons pas reçu ce que papa nous donne pour nos menus plaisirs quand nous lui apportons un *bon point* de notre maîtresse de pension; cela nous manque, et nous aurions besoin d'une pièce de 5 fr.; pourrais-tu nous la prêter jusqu'à la fête de maman? — Comment! deux, trois, si vous voulez; heureusement je suis assez riche pour cela. J'allais courir de suite les chercher. — Nous n'en avons besoin que pour demain matin, m'ont-elles dit, et une seule nous suffit. »

La bonne mère respira quand elle sut qu'il ne s'agissait que d'une affaire d'argent.

— Vous avez eu tort de vous engager à prêter à mes filles de l'argent sans me consulter. Cependant, je vous y autorise et je vous sais gré de votre confiance en elles. Mais savez-vous à quoi elles destinent cet argent ?

— Madame, elles ne me l'ont pas dit, et j'aurais regardé comme une indiscrétion de le leur demander ; je leur confierais de bon cœur tout ce que je possède, parce que je suis convaincue qu'elles ne peuvent avoir que de louables intentions, et je suis persuadée que tout le monde ici pense et agirait comme moi.

— Oh! oui, s'écrièrent ensemble tous les domestiques.

Mme Gabrielle recommanda à chacun, et à Lise en particulier, le secret sur cet entretien. Cette bonne mère, plus que personne, avait une trop haute opinion de ses filles pour en mal juger ; mais enfin il y avait dans tout ceci un mystère qu'il lui tardait d'approfondir.

Hélène et Ernestine ne se doutaient nullement de l'extrême sollicitude qu'elles occasionnaient en ce moment; elles furent plus appliquées à leurs leçons dans la journée, et le soir elles s'occupèrent assez activement à leurs petits travaux manuels; une sorte de contentement reparaissait sur leur physionomie: pour la première fois depuis huit jours, elles n'avaient rien rapporté de leurs provisions.

— Allons, se dit leur mère, tout cela annonce encore quelque chose de nouveau.

Le lendemain, Lise fut exacte à sa promesse, et lorsqu'elle remit la pièce de 5 fr. à Hélène, cette jeune personne lui serra la main avec une expression si affectueuse, que la bonne fille sentit les larmes lui en venir aux yeux. Ayant rejoint Ernestine, et la provision leur étant fournie, elles embrassèrent leur mère, qui leur recommanda, comme de coutume, de bien employer leur journée. Les voilà parties.

A peine passaient-elles le seuil de la porte, qu'elles furent aperçues par Mme Demonval, qui, sortie ce jour-là de grand matin, rentrait chez elle en ce moment.

— Chères enfants, se dit-elle, combien il m'en a coûté de n'avoir point un billet à leur délivrer la semaine dernière! Je vois heureusement qu'il n'en sera pas de même de celle-ci. Que vont-elles répondre aux questions que j'ai promis de leur adresser ?

Comme elle raisonnait ainsi en elle-même, elle vit les deux jeunes filles s'arrêter à quelque distance et parler à un vieillard qui vendait des gâteaux ; elle crut qu'elles allaient lui acheter de sa marchandise ; mais elle les vit lui remettre un petit papier qu'il serra aussitôt bien soigneusement dans la poche de son gilet ; puis elle les vit encore tirer de leur panier un petit paquet qu'il reçut de leurs mains en leur ôtant respectueusement sa casquette, et, cela fait, elles partirent comme un trait, pour entrer à la pension. — Le ciel me protége, se dit-elle tout bas, me voici sur les traces du mystère !

Abordant à son tour le vieillard : — Brave homme, lui dit-elle, venez me trouver dans cinq minutes ; je veux faire emplette de vos gâteaux. Ayant tout disposé pour le recevoir en particulier, elle le fit asseoir avec l'air de bonté qu'elle mettait dans toutes ses actions. — J'ai désiré m'entretenir avec vous, lui dit-elle, sur un sujet qui m'intéresse beaucoup, et qui intéresse également une respectable mère de famille. Vous parliez, il y a quelques instants, à deux de mes pensionnaires? — Oui, Madame, à deux anges! — Vous les connaissez donc? — Assez, Madame, pour assurer que ce sont de célestes créatures, qui font le plus grand honneur à celle que vous appelez avec juste raison une respectable mère de famille. — Bien! mon ami; je vois que nous nous entendons à merveille, et il me sera doux d'apprendre de votre bouche ce que j'ai droit d'attendre d'un homme loyal et sincère. Ces demoiselles vous ont remis quelque chose? — Oui, Madame, ceci, qui est pour ma subsistance, et dont elles m'ont donné une semblable portion hier. — Et qu'est-ce que ce petit papier que vous avez mis dans votre poche? — Cela n'est pas pour moi, mais seulement une commission dont je suis chargé de leur part, et dont elles m'ont prié de ne parler à personne. — Si leur respectable mère vous demandait des explications à ce sujet, refuseriez-vous de lui en donner? — Le père Jérôme refuser quelque chose à Mme Gabrielle! cela me serait bien difficile! — Eh bien! père Jérôme, je suis ici son interprète, confiez-moi tout ce que vous savez : le secret de ces chères enfants ne saurait être une vilaine action, je les en crois incapables, et dans ce cas même, il faudrait vite y remédier... — Une vilaine action! reprit le vieillard... Oh! il s'en faut bien! Je vois qu'il faut que je parle; écoutez, écoutez, je vais tout vous dire...

En ce moment la cloche de la pension tinta trois coups : c'était l'annonce que quelqu'un se présentait pour parler à l'institutrice. Elle avait bien recommandé qu'on ne l'interrompît point dans son entretien avec le marchand de gâteaux ; personne ne serait donc venu lui annoncer qui se présentait. Mais, afin de se délivrer de suite de la visite dans un moment si inopportun, elle pria le père Jérome de l'attendre quelques minutes, et elle se transporta au salon. C'était précisément Mme Gabrielle qui venait raconter à l'institutrice l'emprunt des 5 fr.

— Vous arrivez à merveille, lui dit Mme Demonval, pour apprendre de suite tout ce que vous désirez savoir. Nous allons en être instruites sans qu'Hélène et Ernestine s'en doutent.

Et elle conduisit la bonne mère auprès du marchand de gâteaux, qui se leva avec le plus profond respect à son arrivée.

— Asseyez-vous, brave homme, lui dit l'institutrice, et apprenez-nous à qui est destinée la pièce d'argent que mes deux pensionnaires vous ont remise.

— Vous allez le savoir, répondit le père Jérôme en la tirant de sa poche pour la lui remettre.

En effet, sur le papier qui l'enveloppait se trouvait écrit de la main d'Hélène : *Pour la bonne mère Charlotte.*

— N'est-ce pas la marchande de jouets d'enfants qui se place près d'ici, entre les arbres du boulevard ?

— Oui, Madame.

— Voilà qui explique pourquoi mes filles travaillent avec tant d'ardeur aux habillements de poupées, dit Mme Gabrielle.

— Et voilà la cause de leur mensonge officieux, lorsqu'elles annonçaient la distribution de ces objets à leurs compagnes de classe, reprit l'institutrice.

— Je ne la vois point à sa place depuis quelques jours, continua-t-elle en s'adressant à Jérôme.

— Madame, elle s'est trouvée si gravement indisposée sur la fin de l'avant-dernière semaine, que les personnes de son voisinage l'ont déterminée à se rendre à l'hospice. Vos deux anges, qui la nourrissent et l'aident en mille choses, s'en sont informées à moi, et elles m'ont chargé aujourd'hui de lui porter ce secours.

— Eh bien ! brave homme, acquittez-vous de la commission, lui dit Mme Gabrielle, et faites en sorte que mes filles ignorent absolument que nous nous sommes entretenus de tout ceci.

Le vieillard se retira, après avoir été généreusement payé de sa marchandise, et en comblant de bénédictions celle qu'il appelait la digne mère de deux anges terrestres.

— Il a bien raison, le père Jérôme, d'appeler ainsi vos aimables filles, dit Mme Demonval. Voilà donc la cause du chagrin de ces chères enfants, et ce qui a occasionné leur préoccupation la semaine dernière; nous les avons punies comme des coupables, et elles ont mieux aimé paraître mériter notre blâme que de nous révéler leur belle conduite ! Ainsi elles nourrissaient la pauvre Charlotte de leur propre pitance, et elles n'ont retrouvé un peu de contentement qu'en voyant qu'elles pouvaient lui envoyer quelques secours et partager leur nourriture avec un autre malheureux... Ah ! ce sont véritablement des créatures célestes !

— Je veux les récompenser d'une manière digne d'elles, reprit la mère ; dimanche je les conduirai à l'hospice où se trouve la pauvre Charlotte, et je vous propose d'être de la partie. Mme Demonval accepta avec beaucoup d'empressement cette charitable visite.

On peut juger de la surprise d'Hélène et d'Ernestine, lorsque le dimanche leur mère annonça qu'elle allait visiter un malade à l'Hôtel-Dieu, que leur institutrice lui faisait le plaisir de l'accompagner, et qu'elle les emmenait aussi toutes deux. Ces jeunes filles se regardaient avec étonnement, ne sachant trop si leur mère n'était pas instruite de ce qu'elles faisaient pour Charlotte, et, dans l'hypothèse contraire, si elles devaient ou non en parler dans la circonstance présente. Elles auraient voulu pouvoir se consulter ; mais Mme Demonval arriva en ce moment, et l'on partit de suite. Arrivée à l'hospice, Mme Gabrielle dirigea ses pas vers la salle Saint-Bernard et aborda le lit d'un malade que ses filles reconnurent pour avoir été employé dans leur maison comme frotteur des appartements. Cet homme, retiré au pays de sa femme avec ses enfants, venait de faire un voyage à pied à son propre pays pour voir son père presque centenaire, qui, se sentant près de son heure dernière, avait désiré l'embrasser avant de mourir. En traversant Paris pour s'en retourner, la maladie l'avait surpris lui-même, et Mme Gabrielle, ayant appris sa position, lui procurait quelques douceurs à l'hospice, en attendant qu'elle le mît à même d'arriver auprès de sa famille Cette dame se plaisait à de tels actes, c'était son occupation favorite.

La visite achevée, Hélène dit à sa sœur :

— Nous ne saurions quitter ces lieux sans voir aussi notre pauvre malade ; il faut parler. — Je pense comme toi, répondit Ernestine. — Chère maman, dirent-elles donc, nous avons une grâce à te demander : ce serait de nous permettre de visiter une malade que tu connais aussi, car elle stationne dans notre voisinage, et tu lui as fait quelques emplettes pour nos petits cousins.

— Oui, c'est la mère Charlotte ; et que lui apportez-vous ?

— Nous n'avons pas eu le temps de nous munir de quelque chose.

— Tenez, voici un pot de confitures que vous lui offrirez avec cette demi-douzaine de biscuits.

— Quoi ! maman, tu savais donc...

— Oui, mes enfants, je sais tout, et je vous félicite de ce que vous avez fait. Allons à la salle Sainte-Monique, où se trouve votre protégée.

Si Hélène et Ernestine étaient étonnées de voir que leur secret n'en était pas un, elles étaient en même temps bien satisfaites de voir les choses tourner ainsi au gré de leur désir. La pauvre Charlotte ne fut pas moins surprise elle-même de voir arriver une visite aussi inattendue.

— Comment se fait-il que j'aie tant de bonheur aujourd'hui ? dit-elle à Mme Gabrielle. Vos chères enfants m'avaient annoncé vouloir différer jusqu'au jour de votre fête à vous faire connaître tout ce qu'elles ont fait pour moi.

— C'eût été effectivement m'offrir un très-joli bouquet, répondit la bonne mère ; mais la Providence a voulu hâter l'instant de m'associer à leurs bonnes œuvres, et j'ai su leur secret sans qu'elles pussent s'en douter.

— Quant à moi, reprit la malade, la visite que m'a faite, de la part de ces demoiselles, le père Jérôme, avait déjà répandu sur mes plaies un baume consolateur ; mais aujourd'hui je sens encore bien mieux se dissiper toutes mes douleurs, puisque je me vois en la compagnie des anges.

En disant ces paroles, la pauvre malade baisait avec effusion de cœur la main de ses jeunes bienfaitrices.

— C'est à maman, lui dirent-elles, que vous devez les petites douceurs que voici ; c'est elle qui nous amène ici ; nous ne savions pas ce matin que nous aurions la satisfaction de venir vous visiter.

— Bonne femme, reprit Mme Gabrielle, je vois avec plaisir que votre maladie n'a pas de gravité, et que vous serez bientôt guérie ; à votre sortie, venez me voir, je prendrai soin de votre convalescence.

— Oui, Madame, répondit avec émotion la malade, je me ferai un devoir d'aller vous remercier de tant de bontés.

Les larmes de sensibilité qui roulaient dans les yeux de la pauvre Charlotte exprimaient encore plus que ses paroles tout ce que son âme éprouvait de joie et de consolation.

En traversant ces vastes salles, renfermant tant de douleurs humaines, Hélène et Ernestine admiraient le bel ordre qui y règne et l'excessive propreté qu'on y remarque.

— Je vais, dit Mme Demonval, faire connaître à ces demoiselles les fondateurs et bienfaiteurs de cet établissement philanthropique.

Et elle dirigea ses pas vers un vestibule du rez-de-chaussée, où trois statues sont érigées : une à saint Landry, évêque de Paris, qui fonda cet hospice sous le règne de Clovis II ; l'autre à saint Louis, qui, par ordonnance royale, prit l'Hôtel-Dieu sous sa protection spéciale ; et la troisième à Henri IV, pour avoir fait reconstruire cet édifice qui tombait de vétusté.

Après avoir contemplé religieusement les traits de ces hommes immortels, les jeunes personnes tournèrent leurs regards vers une table de marbre où sont inscrits en lettres d'or les noms des bienfaiteurs de cet hospice ; elles furent enchantées d'y voir figurer la duchesse de Nevers, Henriette de Clèves, Mme de la Vernade, veuve de M. de Harlay, Mme de Miramion, et Mme de Corbie.

— Voilà des noms impérissables ! dirent-elles.

— Oui, mes bonnes amies, répondit Mme Demonval, et je pourrais vous faire connaître beaucoup de personnes de notre sexe qui ont mérité, dès leur jeune âge, de se voir citer aussi honorablement.

— Oh! dites-nous quelles sont ces jeunes personnes.

— Vous citer leurs noms serait trop peu de chose ; je veux donc vous développer leur belle conduite. A cet effet, de temps à autre après les classes, je ferai un récit historique sur diverses jeunes filles, de tout rang, qui se sont distinguées par de belles actions, par leur science, leurs talents, leurs vertus, et dont, pour ces causes, les noms ont été révélés et offerts à la vénération publique.

Dans le trajet du retour à la maison, Hélène et Ernestine s'excusèrent auprès de leur mère de lui avoir fait un secret de leur conduite, parce qu'elles étaient trop bien élevées pour ne pas savoir que des enfants ne doivent rien faire à l'insu de leurs parents.

— On vous pardonne, répondit Mme Gabrielle, et dorénavant je vous associerai à mes actions, afin que votre inexpérience ne vous induise pas dans de fausses démarches. Je compte d'ailleurs beaucoup sur les sages entretiens que se propose votre maîtresse, pour vous voir marcher dans la vraie route des vertus sociales.

CHAPITRE II.

RENÉE MAUNOIR,

SURNOMMÉE SŒUR PROVIDENCE.

A son retour à sa pension, Mme Demonval apprit à ses élèves le motif de l'absence qu'elle venait de faire, et elle leur raconta la conduite charitable d'Hélène et d'Ernestine envers la pauvre Charlotte.

— Ces bonnes filles, leur dit-elle, suivent en cela l'exemple que leur donne leur vertueuse mère; car les visites des pauvres que cette dame ne dédaigne pas de recevoir dans ses appartements, lorsqu'ils ont quelque chose à implorer de sa bonté, soulèvent inévitablement le voile dont elle voudrait couvrir mystérieusement ses bonnes œuvres. En outre, elles ont aussi puisé d'excellents principes dans les entretiens qu'elles ont eus avec une digne femme amie de leur maison, et que vous avez vue venir quelquefois ici.

— Sœur Providence, sans doute.

— Précisément.

— Il y a bien longtemps qu'elle n'est venue, cette chère sœur si gaie, si aimable, qui nous appelle ses petits anges.

— Hélas! mes enfants, nous ne la reverrons plus : Dieu l'a appelée à lui.

— Eh quoi! elle est morte! Lui serait-il arrivé quelque accident? car elle n'était pas d'un âge très-avancé.

— Atteinte par le *choléra*, elle a succombé sous l'intensité de cette cruelle épidémie, vivement regrettée de tous ceux qui la connaissaient, et surtout de ceux qui, comme moi, n'ignoraient pas la conduite édifiante qu'elle a tenue dès sa plus tendre jeunesse.

— Bonne amie, s'écrièrent les jeunes élèves, racontez-nous sa vie.

— Volontiers; car elle est de nature à élever

l'âme à de nobles sentiments, à inspirer le goût des bonnes actions.

« Cette respectable femme s'appelait Renée Maunoir; elle était née à Angers, le 19 octobre 1767, de parents sans fortune, mais très-estimés dans cette ville, parce que d'une part ils l'honoraient par leurs bonnes mœurs, et que de l'autre ils y étaient utiles à leurs concitoyens; car M. Maunoir, professeur de langue française, y tenait un pensionnat où les enfants recevaient à la fois et les soins physiques qui donnent au corps force et santé, et l'éducation morale qui procure à l'esprit les trésors de la science, tout en faisant germer dans leurs cœurs les précieuses qualités de l'homme de bien. Ce professeur n'était point du nombre de ces mercenaires qui ne voient dans l'enseignement que les écus que cela rapporte; il tenait non seulement à former des savants, mais encore des hommes de probité, et il était persuadé que la science sans la morale n'était pas un flambeau fait pour éclairer et guider dans la bonne voie, mais plutôt une torche incendiaire uniquement propre à embraser et à détruire l'édifice social. Né chrétien, il se faisait donc gloire de suivre sa religion, convaincu dans son âme et conscience que celui qui ne suit aucune religion peut bien avoir les apparences de la vertu, mais ne saurait être profondément vertueux.

« C'étaient les qualités d'un tel homme qui avaient déterminé son épouse à lui accorder son cœur et sa main : cela peint d'un seul trait l'âme et le caractère de la dame Maunoir. Avant son mariage, elle pensait qu'une femme ne peut être heureuse avec un homme sans religion, et, depuis qu'elle était mariée, elle s'applaudissait du principe sévère qui lui avait fait repousser toutes les autres alliances qui ne lui offraient pas la garantie du bonheur qu'avec sa manière de voir elle s'était assurée.

« La jeune Renée se montra digne de parents si respectables, et, à un âge où les enfants ne songent guère à autre chose qu'à jouer, elle assistait déjà sa mère dans plusieurs détails de la maison. Les hautes vertus de Mme Maunoir l'avaient fait nommer dame de charité dans sa paroisse. C'est un bien beau titre, mes enfants, pour quiconque veut en remplir dignement les fonctions ! Cette dame ne circonscrivait pas ses soins bienveillants à ceux qui autour d'elle se trouvaient dans la souffrance ; elle allait encore visiter les prisonniers, non seulement pour les secourir physiquement, mais en outre afin de leur porter les consolations de la religion et faire entendre à ceux qui étaient susceptibles de la comprendre, qu'il n'est point de fautes impardonnables aux yeux de la Divinité, que le Dieu des chrétiens est un Dieu d'indulgence et de miséricorde, toujours prêt à répandre ses grâces sur tout coupable repentant.

« Dans la société, une infinité d'individus croient qu'en vivant honnêtement ils sont quittes de tout autre devoir. Mais ceux qui ont des sentiments religieux pensent différemment; ce n'est pas assez pour eux de ne point faire de mal à personne, ils savent qu'il faut encore faire du bien à son prochain. Voilà ce que c'est que d'avoir de la religion.

« Les parents de la jeune Renée, bien pénétrés des principes évangéliques, les pratiquaient donc comme doit le faire tout vrai chrétien; c'est pourquoi ils se montraient non seulement probes, mais bienfaisants. La jeune fille accompagnait sa mère dans ses charitables excursions, et les exemples de piété qu'elle avait sans cesse sous les yeux touchèrent tellement son cœur, que, dès l'âge de douze ans, elle prit la résolution de consacrer sa vie entière au soulagement des infortunés ; elle a constamment suivi cette pieuse carrière, sacrifiant tout ce qu'elle possédait pour suffire aux soins d'une si sainte vocation.

« Nous ne la suivrons point ici dans toutes les périodes du service. L'époque où elle promettait à Dieu de se vouer au soulagement de l'humanité souffrante, était précisément celle où des hommes qui se disaient philosophes, tandis qu'ils n'étaient que des impies, détruisaient toute morale religieuse, comme ils foulaient aux pieds tout principe monarchique. Le génie du mal est fort pour corrompre ; il entraîna bien du monde dans la voie de la perdition. Mais il y eut des âmes qui se montrèrent plus fortes que lui et qui, aidées de la grâce divine, résistèrent au torrent dévastateur qui ravagea quelque temps notre belle France. La jeune Renée fut de ce nombre, elle persista dans sa noble et généreuse résolution.

« J'arrive avec elle au moment glorieux où Dieu suscita Napoléon pour écraser l'hydre anarchique qui comprimait la nation. Ce grand homme rouvrit les temples chrétiens, il réédifia le trône dans toute sa majesté, et la couronne de France reparut sur sa tête dans tout l'éclat des plus beaux siècles monarchiques. Alors vint à Paris, où elle parut sous l'habit de religieuse, celle à qui les habitants d'Angers avaient déjà donné le nom de sœur Providence.

« L'impératrice Joséphine, puis ensuite l'impératrice Marie-Louise, se firent un plaisir de participer aux bonnes œuvres de cette digne femme, en lui ouvrant leur bourse et en l'engageant à y puiser pour ses pauvres. Elle forma, sous l'invocation de sainte Camille, une maison où les femmes qui s'y réunirent se dévouèrent à aller passer les jours et les nuits près des malades, et cela sans intérêt, sans autre récompense que l'espoir de plaire à ce Dieu qu'elles servaient si bien.

« En 1814, quand le fléau de la guerre ravageait nos provinces, on a vu ces sœurs aller sur les bords de la Seine attendre les bateaux où languissaient les malheureux blessés qu'on évacuait sur Paris, afin qu'ils pussent recevoir les premiers secours que réclamaient leurs souffrances, sur le rivage où d'avance la pieuse humanité de sœur Providence avait tout préparé. Excités par son généreux exemple, divers marchands lui fournirent à crédit des denrées dont le total se monta bientôt à une somme que n'avait point calculée cette âme bienfaisante. L'impératrice Marie-Louise, dont elle sollicita la générosité, délivra un bon pour l'acquit de cette somme; mais les revers éprouvés par les troupes françaises amenèrent les étrangers dans la capitale avant le paiement du bon ; la princesse avait quitté Paris pour aller à Blois, et sœur Providence se trouvait fort embarrassée... Elle se présenta à l'empereur d'Autriche, qui acquitta gracieusement ce qu'il voulut bien appeler la dette de sa fille.

« Si, lors des deux invasions de Paris, on vit avec attendrissement les sœurs de Sainte-Camille s'agenouiller sur les champs de bataille près des militaires blessés, panser leurs plaies et, sur le même terrain, conquérir une gloire céleste près des lauriers offerts à l'orgueil des guerriers, avec quelle admiration ne les vit-on pas, en 1821, courir avec des médecins français, vers l'Espagne en proie au fléau d'une funeste contagion, pénétrer dans l'enceinte pestiférée de Barcelone, redoublant de zèle à l'aspect des dangers, et secourir l'infortune là où on n'attendait plus de secours ! On sait que le jeune médecin Mazet a péri victime de son dévouement ; les sœurs de Sainte-Camille ont eu le bonheur de revoir leur patrie, et le gouvernement leur a alloué à chacune 500 fr. de pension, pour les récompenser de leur généreux courage.

« Sœur Providence avait en dernier lieu établi sa résidence à Montmartre, où les travaux des carrières occasionnent si fréquemment des accidents aux ouvriers qui y sont employés. Là, on la voyait panser aussitôt les malheureux à qui il arrivait quelque fâcheux évènement; puis elle les conduisait dans les hospices de la capitale et prenait soin de leurs femmes et de leurs enfants. Combien de fois on la vit partager avec les pauvres tout ce qu'elle possédait, tout, jusqu'au pain, dont elle se réservait à peine quelques bouchées pour elle-même! Que de fois aussi on la vit descendre de cette butte, empressée soit de porter dans les hôpitaux la charpie qu'elle apprêtait de ses mains, soit de porter des aliments aux soldats en prison pour fautes disciplinaires! Qui pourra calculer le nombre de déserteurs condamnés qui lui ont dû leur grâce, qu'elle allait implorer aux genoux du souverain?

« Ah! des âmes si zélées pour secourir leur prochain devraient être immortelles ici-bas! Mais la parque cruelle est inexorable, et lorsque la peste de

Barcelone avait épargné les sœurs de Sainte-Camille, le choléra n'épargna point en France leur digne fondatrice. Dès le commencement de l'épidémie, cette imitatrice du bon saint Vincent de Paul sembla présager sa fin ; elle exhorta chacun à se préparer à la mort, s'y prépara elle-même, et, en effet, rendit son âme à Dieu le jour de Pâques 1831. Tous les habitants de la commune de Montmartre et un grand nombre de personnages de la capitale lui rendirent les derniers devoirs et accompagnèrent sa dépouille mortelle au champ de repos. »

CHAPITRE III.

Princesses citées dès leur jeune âge pour leur Bienfaisance.

LOUISE DE VAUDEMONT.

Louise de Vaudemont naquit à Nomeny, petite ville de Lorraine, en 1553. Dès son enfance, elle fit remarquer en elle les sentiments d'une piété tendre qu'elle a toujours conservée. Les historiens rapportent que, dès l'âge de douze ans, elle allait une fois la semaine en pèlerinage à Saint-Nicolas-du-

Port, autre petite ville à deux lieues de Nancy, toujours à pied, souvent habillée en paysanne et accompagnée des dames de sa suite. Dans ce pèlerinage, elle employait en aumône 25 écus qu'elle avait par mois pour ses menus plaisirs, et c'était afin que les pauvres pussent l'aborder avec plus de confiance et d'abandon qu'elle se vêtissait comme une simple villageoise.

Henri, duc d'Anjou et frère de Charles IX, passant par Nancy pour aller prendre possession de la couronne de Pologne, ne put voir Louise de Vaudemont sans avouer qu'il ne connaissait point de créature plus favorisée des dons de la nature et des qualités de l'âme. Elle avait alors dix-neuf ans. Deux ans après, lorsque la mort de Charles IX fit passer la couronne sur la tête de son frère Henri, ce prince, qui n'avait pu oublier la jeune Louise, partagea avec elle le trône de France. Henri III ayant été assassiné à Saint-Cloud, Louise, alors âgée de trente-six ans, consacra le reste de ses jours à la religion, dans une abbaye de la ville de Moulins, où elle termina son existence à l'âge de quarante-sept ans.

Sa dépouille mortelle fut transférée à l'abbaye

royale de Saint-Denis. Lorsque Napoléon fit réparer cette église, les ouvriers découvrirent la tombe de cette épouse de Henri III, et le cercueil fut apporté au cimetière du Père-Lachaise. En 1817, le clergé de Paris l'a religieusement et solennellement transféré à l'abbaye de Saint-Denis, où il se trouve maintenant placé dans les caveaux destinés aux seuls membres de la famille de nos rois.

MARIE LECZINSKA.

Un jour que la jeune Marie se promenait dans les jardins du château de Weissembourg, où Stanislas, roi de Pologne, son père, était venu se réfugier, elle entend une voix plaintive qui l'appelle à travers une palissade; elle s'approche et voit une pauvre femme qui la supplie, au nom de Dieu, de soulager sa misère. Touchée de son état, la fille de Stanislas lui donne une pièce d'or; c'était tout ce qu'elle avait. La pauvre femme, en recevant ce don généreux, lève les mains au ciel et s'écrie, dans la joie qui la transporte : « Ah ! ma bonne princesse ! Dieu vous bénira; vous serez reine de France. »

Cette prophétie, dictée par l'enthousiasme de la reconnaissance, s'est réalisée ; et voici une anecdote du temps où elle était assise sur le trône, à côté de Louis XV.

Se trouvant un jour à Marly, dans la belle saison, elle voit passer sous sa fenêtre une de ces pieuses filles de la congrégation de Saint-Vincent de Paul, que nous nommons avec tant de justesse sœurs de charité ; elle l'appelle : — D'où venez-vous si matin, ma sœur ? — De Triel, Madame, répondit la religieuse sans la connaître. — Vous avez déjà fait bien du chemin ; vous en reste-t-il encore beaucoup à faire ? — Je comptais aller jusqu'à Versailles, mais peut-être ne passerai-je pas Marly, parce que je crois que la cour y est. — Vous avez donc aussi des affaires à la cour ? — Mes affaires sont celles de notre hôpital, qui est fort pauvre. J'ai ouï dire qu'on avait confisqué des indiennes et que M. le contrôleur général en faisait distribuer à des hôpitaux. Je désirerais bien qu'on nous en donnât pour faire quelques lits à nos malades. Ce serait une fort bonne œuvre. — Seriez-vous bien aise que j'en parlasse au ministre ? — Je n'aurais osé, Madame, prendre la liberté de vous en prier, mais votre recommandation fera sûrement plus que la mienne, et vous rendrez un grand service à nos pauvres. — Eh bien ! comptez, ma sœur, que je n'oublierai pas l'hôpital de Triel.

La religieuse se retire pénétrée de reconnaissance pour l'aimable inconnue qui vient de lui marquer tant de bontés; mais à peine a-t-elle fait quelques pas, qu'elle se reproche de n'avoir pas cherché à connaître son nom. Elle retourne vers la fenêtre; la reine y était encore.

— Pardonnez, Madame, lui dit-elle, à la curiosité qui me ramène; je voudrais bien savoir quelle est la dame qui m'honore si généreusement de sa protection.

La princesse, en lui souriant d'un air plein de bonté, lui répond :

— N'en dites rien, c'est la reine...

HENRIETTE DE FRANCE.

Henriette, fille de Marie Leczinska, se montra digne d'une telle mère. N'étant encore que dans sa quatrième année, et regardant un jour travailler un vitrier qui raccommodait les fenêtres de son appartement, elle lui demande combien il a d'enfant, et s'il possède une fille. L'ouvrier répond qu'il en a une.

— Je voudrais bien, reprit la petite Henriette, pouvoir lui donner quelque chose, mais je n'ai rien. Puis, détachant son tablier : — Tenez, ajouta-t-elle, je suis fâchée de ne pas pouvoir disposer de quelque objet plus considérable ; mais du moins recevez ce petit présent, et donnez-le à votre fille de ma part.

Vous concevez, mes chères amies, que le vitrier apporta avec joie à son enfant le tablier de la fille du roi. Ce cadeau fut soigné comme une relique précieuse. La petite le portait les dimanches et fêtes avec recommandation de le préserver de tout accident ; et il était ensuite plié et serré par la mère, qui ne l'eût pas donné pour toute chose au monde.

Un jour, au moment de se mettre à table, la jeune Henriette aperçut deux pauvres sous son balcon ; elle prit deux pains, les leur jeta, et défendit à ceux qui étaient autour d'elle de parler de cette action : voilà ce qui est admirable ; car s'il est beau d'être charitable, il est bien triste de ne l'être que par ostentation.

Dans aucune circonstance, Henriette ne put se résoudre à déguiser la vérité. « Rien n'est plus bas, disait-elle, que le mensonge; rien ne me semble dégrader davantage l'humanité. » Ces paroles, que l'on a recueillies de la bouche de cette enfant, sembleraient plutôt appartenir à quelque grand philosophe.

Personne plus que Henriette n'était capable de garder un secret. A l'âge de sept ou huit ans, elle fut soupçonnée injustement d'avoir rapporté un fait qui lui avait été confié. Au premier reproche qu'on lui fit, saisie et pénétrée de la plus vive douleur, le soir même elle en tomba malade; sa ressource fut de prier Dieu et de faire prier que l'on reconnût son innocence. On la découvrit deux jours après; mais ces deux jours avaient été des jours de souffrances et de larmes.

Dès l'âge de douze ans, elle s'était fait un règlement de vie qu'elle suivit toujours dans la suite. Ecoutez bien, mes chères amies, et gravez cela dans votre mémoire. En se couchant, Henriette donnait l'ordre qu'on l'éveillât le matin à une heure réglée;

on lui présentait en silence de l'eau bénite, elle en prenait, faisait le signe de la croix, et restait quelques moments recueillie pour porter son cœur vers Dieu : c'était là toujours sa première action. Aussitôt qu'elle était levée, elle se prosternait pour faire sa prière ; ses lèvres ne proféraient point seulement des paroles, mais c'était du fond de l'âme qu'elle invoquait la Divinité. Ensuite elle passait à sa toilette, où jamais elle ne voulut consacrer plus d'un quart d'heure ; elle croyait qu'aucun temps n'est plus vainement employé et plus sûrement perdu que celui-là.

Henriette était très-studieuse ; avant seize ans elle connaissait l'histoire de France et la géographie, au point d'avoir composé des petits traités sur ces matières. Elle était également bonne musicienne.

Rien de plus touchant que ce qu'elle exprimait un jour à son frère. « Nous sommes environnés de flatteurs intéressés à nous déguiser la vérité sur ce que nous pouvons faire de mal, lui disait-elle ; il est pourtant essentiel que nous sachions réprimer en nous tout ce qui n'est pas bien. Mon frère, rendez-moi le service de me faire connaître mes défauts, je vous ferai connaître les vôtres ; cela nous sera très-utile. » La princesse qui tenait un tel langage était à peine âgée de quinze ans, et elle parlait à un prince moins âgé encore.

Cette fille de France n'atteignit pas son cinquième lustre, et lorsque, le 10 février 1752, elle cessa d'exister, on entendit de toutes parts cette exclamation : « La bonne princesse est morte. » La reine, sa mère, à qui l'on rapporta l'expression de la douleur publique, ajouta à l'éloge que chacun faisait de la jeune princesse, par ce peu de mots simples et véridiques : « Quelque bien que l'on dise d'elle, il en restera bien plus à dire encore ! » Personne ne parlerait aujourd'hui d'Henriette de France, si l'on ne se plaisait à s'entretenir de ses vertus précoces.

ÉLISABETH DE HONGRIE.

Elisabeth, fille d'André, roi de Hongrie, s'attira l'admiration de tous ses contemporains par la bienfaisance qui la fit distinguer dès son jeune âge. Ses mains royales ne dédaignaient point de travailler pour les pauvres, et l'on voyait souvent cette jeune princesse s'occuper de la fabrication d'étoffes de laine qu'elle distribuait ensuite aux malheureux. Non contente d'en nourrir neuf cents tous les jours, elle voulut prendre soin de ceux que des maladies venaient affliger, et elle fit construire, à cet effet, près de son palais, un hôpital où elle les visitait et souvent les servait elle-même. La douceur de son caractère, l'extrême pureté de ses mœurs lui faisaient chérir la jeunesse ; elle aimait à réunir près d'elle les enfants de toutes les personnes attachées à son service ; elle se plaisait à leur faire répéter leurs leçons, à les exciter au travail, au bon emploi du temps, et, par des récompenses dont le prix centuplait en provenant de ses mains, elle encourageait ces enfants à l'étude et aux devoirs de la religion, dont elle leur donnait le premier exemple. Elisabeth avait épousé le landgrave de Thuringe à l'âge de quatorze ans ; elle fut veuve à vingt ans, et mourut quatre ans après. Quoique sa vie fût si courte, elle en remplit chaque journée par une telle abondance de bonnes œuvres, que l'Eglise a voulu honorer sa mémoire en l'admettant au nombre des saintes.

MARIE-ANTOINETTE,

REINE DE FRANCE.

Marie-Antoinette d'Autriche avait eu de trop nobles exemples dans la conduite de Marie-Thérèse sa mère, pour que son cœur ne fût pas la source des plus rares qualités. Au milieu d'un rigoureux hiver, admise un jour dans le salon de l'impératrice au moment où l'on s'occupait de la situation du peuple, elle entendit des détails affligeants sur la cruelle position de quelques familles qui logeaient dans les faubourgs de Vienne. Touchée jusqu'aux larmes, la jeune archiduchesse sort un instant et revient bientôt avec une petite boîte. Elle s'approche de sa mère et lui adresse ces mots :

— Voilà, bonne maman, 55 ducats, c'est tout mon trésor; permettez qu'il soit offert à ces familles infortunées dont on vient de nous tracer un tableau si touchant

Ce don fut accepté; car vous voyez, d'après ce que je viens de vous dire, que la bienfaisance était comme naturalisée à la cour de Marie-Thérèse. Cette princesse fournit à sa fille tous les moyens de satisfaire son âme sensible et généreuse.

Un autre jour, Marie-Antoinette, se rendant chez sa mère qui était incommodée, traverse une salle où des militaires hongrois attendaient le moment favorable pour remettre un placet à leur souveraine.

Il faut vous dire, mes enfants, que, quand Marie-Thérèse hérita de la couronne, la Prusse et la Bavière tentèrent de lui enlever cet héritage. Mais les Hongrois jurèrent de vaincre ou de mourir pour leur souveraine, et Marie-Thérèse fut affermie sur le trône.

A l'aspect des guerriers mutilés qui sont sous ses yeux, la jeune archiduchesse se rappelle l'époque dont nous parlons ; elle approche gracieusement de ces vieux soldats, reçoit de leurs mains le placet, et se charge de le présenter. En entrant dans l'appartement de l'impératrice :

— Maman, lui dit-elle avec un sourire charmant, je viens de voir vos amis ; ils sont inquiets de votre santé, et attendent une réponse.

— Eh ! quels sont ces amis ?

— Ce sont des Hongrois. Voici une lettre de leur part.

— A merveille, ma fille.

Marie-Thérèse, charmée de ce trait de la jeune

archiduchesse, s'empressa de signer la requête ; et ces braves guerriers bénirent et leur souveraine et l'ange protecteur qui les avait si bien accueillis.

Marie-Antoinette devint reine de France ; et en France comme en Autriche, dans tout le cours de son existence comme dans son jeune âge, le cœur de cette princesse fut un trésor inépuisable de bienfaits ; sa constante sollicitude pour les malheureux illustrera sa vie, autant que son courage héroïque a illustré sa mort.

MARIE-THÉRÈSE-CHARLOTTE.
DUCHESSE D'ANGOULÊME.

Je ne peux omettre de vous parler de la fille de Marie-Antoinette ; car cette princesse mérite d'être citée comme la bienfaisance personnifiée.

Lorsque, à l'âge de douze ans, elle fit sa première communion à la paroisse de Saint-Germain-l'Auxerrois, à Paris, le 8 avril 1790, le roi, son père, auquel elle demanda sa bénédiction, lui tint un discours où l'on remarque ces mots : « Souvenez-vous, ma fille, que vous devez édifier par vos exemples, faire le bien toutes les fois que vous en trouverez l'occasion. Mais surtout, mon enfant, soulagez les malheureux de tout votre pouvoir ; Dieu ne nous a fait naître dans le rang où nous sommes que pour travailler à leur bonheur et les consoler dans leurs peines. »

Dans cette journée solennelle, dix-huit prisonniers pour dettes se trouvèrent libérés ; trois d'entre eux le furent par le remboursement de leur créance, que cette jeune princesse liquida avec l'argent qui était à sa disposition personnelle.

Madame la duchesse d'Angoulême n'existe plus ; le malheur a pesé sur sa tête, elle a terminé ses jours dans un triste exil... Il n'y a donc point à craindre d'être taxé de flatterie. Et puis, lorsqu'on se tairait, les actes de bienfaisance n'existent-ils pas au milieu de nous? Madame la duchesse d'Angoulême n'a-t-elle point fondé un hospice dans cette capitale pour les malheureux ? Oui, mes enfants, on a pu proscrire la fondatrice de l'*Infirmerie Marie-Thérèse,* mais sa pieuse fondation est là pour rendre un éclatant hommage à ses hautes vertus.

ÉLISABETH DE FRANCE,

SŒUR DE LOUIS XVI.

Je ne puis oublier une autre infortunée princesse de cette auguste famille, puisque, dans son adolescence, son œil fut constamment ouvert sur les misères qu'elle se plut à soulager. Il s'agit de la princesse Élisabeth, sœur de Louis XVI. La raison et la sagesse ayant devancé chez elle l'âge où l'on formait ordinairement une maison aux dames de France, le roi son frère crut devoir s'empresser d'en former une à sa sœur chérie, et la lui choisit au village de Montreuil, près de Versailles, afin de n'en être pas éloigné. Quoique à peine âgée de dix-sept ans, Élisabeth se montra la mère des pauvres, et ne fut occupée que du soin de rendre heureux les paysans qui environnaient son domaine. Elle savait leurs noms, leur situation, et l'état de leur famille. Le lait de ses étables était destiné aux enfants qui avaient eu le malheur de perdre leur mère; elle en inspectait elle-même la distribution. Elle avait donné ordre de l'avertir dès qu'un pauvre du village était malade; elle lui envoyait un médecin, de l'argent, tout ce dont il avait besoin; elle se faisait rendre un compte exact de sa maladie, de sa convalescence, et quand elle lui avait sauvé la vie, c'était pour elle une jouissance inexprimable. Elle a péri sur un échafaud... Elle méritait qu'on lui élevât des statues !

CHAPITRE IV.

Jeunes Héroïnes de la Piété filiale.

JUSTINE-NICOLETTE DE CHATEAUBRIAND.

Mme Françoise de Foix, femme du comte de Châteaubriand, s'était rendue aux invitations de François Ier, qui voulait réunir à sa cour les plus grands personnages du royaume, et notamment les dames dont la noblesse et la beauté étaient bien faites pour en rehausser l'éclat. Lorsqu'elle fut de retour dans ses domaines, son mari, vindicatif à l'excès, se vengea de la manière la plus barbare des tourments de la jalousie qu'il avait éprouvée en son absence. Il la plongea toute vive dans une espèce de tombeau ; car il avait fait tapisser de noir la chambre où il la renferma, et dont les fenêtres avaient été murées ; une lampe sépulcrale éclairait seule ce lugubre séjour, et du pain et de l'eau devinrent les seuls aliments de l'infortunée captive, ou plutôt de cette morte vivante.

Françoise de Foix avait une petite fille, âgée de six ans, nommée Justine-Nicolette, qui aimait sa mère de tout son cœur. Quand elle vit qu'on la tenait sequestrée, elle s'en plaignit avec une énergie que le comte de Châteaubriand ne s'attendait pas à trouver dans une enfant de cet âge. — Tu n'es plus mon papa, lui dit-elle, puisque tu tourmentes maman ; et, si tu me l'ôtes, moi, je ne veux plus être ta fille. Courroucé d'entendre de telles paroles sortir de la bouche de Justine, le comte la frappa avec violence. — Eh bien ! tue-moi, lui dit la petite fille ; j'aime mieux mourir tout à l'heure que de me voir séparée de ma chère maman.

Tant de résolution prouva au comte qu'il ne gagnerait rien par la rigueur; il crut mieux réussir par les caresses; mais pendant deux jours Justine refusa de prendre aucune nourriture. Le comte vit bien qu'il n'avait qu'un parti à prendre : celui de réunir l'enfant à la mère; il enferma donc aussi l'innocente créature dans cette affreuse prison.

En retrouvant sa mère, Justine se jeta dans ses bras, et, l'embrassant avec effusion de cœur, elle ne pouvait cesser de lui répéter : — Chère maman, nous voici donc ensemble! Mon Dieu! que je suis contente d'être près de toi!

Françoise de Foix imagina un moyen de distraction pour sa fille, en lui apprenant à lire. Justine n'avait pas même les plus simples notions des lettres de l'alphabet; sa mère les lui broda en soie blanche sur un canevas d'étoffe noire. Lorsque l'enfant les connut, elle les lui fit assembler pour composer des syllabes, puis des mots, puis des phrases. En voyant Justine avancer dans cette première instruction, il vint à l'idée de la comtesse d'employer cette intéressante créature dans une tentative pour sortir de cette horrible position. — Ma chère amie, lui dit-elle, dépêche-toi d'apprendre non seulement à lire, mais à écrire, parce que, quand tu seras assez savante pour cela, tu écriras une lettre bien touchante à ton papa. Peut-être se montrera-t-il sensible à nos peines, et nous permettra-t-il de sortir de ce tombeau.

Il est facile de concevoir avec quelle joie Justine accueillit cette lueur d'espérance, et combien elle se montra empressée de savoir écrire. — O maman! lui dit-elle, si je pouvais réussir à te délivrer de l'affreuse captivité où tu gémis, que je serais donc contente!

Lorsque le moment si impatiemment attendu fut enfin arrivé, Françoise de Foix dicta d'une voix émue une lettre aussi simple que soumise, et Justine écrivit en silence, s'efforçant de retenir les larmes qui eussent inondé le papier. Quand l'écrit fut envoyé, l'enfant se jeta dans les bras de sa mère pour l'encourager dans son espoir, et de son côté, la tendre mère invoqua le ciel pour qu'il daignât exaucer les vœux de l'innocence.

Le comte ne fit point de réponse : tout sentiment d'humanité était éteint dans l'âme de ce barbare époux, de ce père dénaturé. L'espérance nous aide à supporter nos malheurs, et, si nous venons à la perdre, le désespoir lui succède. C'est ce qui arriva dans cette triste circonstance. Françoise de Foix sentit son cœur brisé de douleur, noyé d'amertume; elle s'abandonna à la plus sombre mélancolie; le sommeil s'éloigna de ses paupières; à peine goûtait-elle quelques moments de repos. Sa profonde tristesse se communiqua à sa fille éplorée. Un songe sinistre vint jeter l'épouvante et la consternation dans l'âme de cette pauvre fille : elle vit des hommes armés qui venaient pour tuer sa mère, et c'était son père qui les guidait dans la chambre sépulcrale.... Déjà leurs mains homicides s'apprêtaient à porter le coup mortel... Justine pousse un cri perçant... — Qu'as-tu, ma chère enfant? lui demanda sa mère. — Maman, on veut te tuer; j'ai vu papa lui-même amener ici des assassins... — Calme tes esprits agités, ma fille; ce n'est qu'un songe... Peut-être un jour se réalisera-t-il! — Maman, nous serions plus heureuses d'être mortes toutes deux. — Tu as bien raison, reprit la tendre mère, en inondant de ses larmes la pauvre Justine qu'elle pressait sur son cœur.

Depuis ce moment, Françoise de Foix et sa petite compagne tournèrent leurs regards vers le ciel.

3.

— Mon enfant, disait la mère, le ciel, c'est le port de la paix, l'asile du repos éternel, après le naufrage de cette triste vie. La mort doit être terrible pour les malheureux dont l'espérance ne s'étend pas au-delà de ce monde. Mais nous ne devons point la regarder comme un mal, nous qui souffrons ici-bas, et que Dieu daignera sans doute accueillir dans l'éternité. — Eh bien ! chère maman, il faut prier Dieu pour qu'il nous appelle bientôt à lui.

Il y avait déjà vingt-deux mois que l'innocente créature était enfermée dans ce tombeau. L'instant de sa délivrance approchait ; elle s'éteignait de jour en jour ; la vie lui échappait à vue d'œil, et elle s'en réjouissait. Un matin, elle dit à sa mère : — Je sens que mon cœur s'en va..., chère maman; donne-moi ta main, que je la baise encore, et mourons ensemble.... La pauvre petite rendit, en effet, le dernier soupir en pressant contre ses lèvres la main de sa mère, de sa bonne mère, qui s'évanouit en la tenant serrée dans ses bras.

Françoise de Foix ne voulut point survivre à sa bonne petite Justine. Elle écrivit sur-le-champ à son mari. « Vous qui ne fûtes point ému des larmes de l'innocence, pourriez-vous être sensible à celle du repentir? Ma fille n'est plus. Venez mettre fin à mon supplice, et réunissez-moi à ma chère enfant. »

Cet homme ne fut que trop docile à souscrire à cette demande. Il vint accompagné de deux chirurgiens. L'infortunée Françoise fut liée sur une table et saignée des quatre membres... Ainsi s'accomplit le songe de Justine. La tendre mère rendit son âme à Dieu en prononçant le nom de cette bonne petite.

STÉPHANIE DE CHOISEUL.

Pendant près de cinq années, cinquante-trois émigrés, qu'un naufrage avait jetés sur les côtes de Calais, furent traînés de prison en prison, n'ayant en perspective que la mort, que le gouvernement républicain voulait leur faire subir. A leur tête se trouvait M. le duc de Choiseul. Cet honorable citoyen avait une jeune fille, Stéphanie, à peine âgée de dix-huit ans, qui accourut d'abord partager la captivité de son père, mais que l'on priva ensuite de cette consolation.

Napoléon Bonaparte arrivant enfin à la tête du gouvernement, Stéphanie conçut alors le projet de tenter la délivrance de l'auteur de ses jours ; elle adressa donc au premier consul cette lettre :

« Citoyen général, je suis bien embarrassée pour vous écrire, car je le fais sans consulter personne, et sans savoir si vous voudrez bien m'écouter ; mais je n'entends parler que de vous ; on dit que vous êtes si grand, que vous réparez tous les maux, que vous faites des choses si surprenantes ! Cela me donne la confiance de vous adresser mes larmes et ma prière. Si ma démarche vous paraît extraordinaire, n'attribuez cette indiscrétion qu'à ma jeunesse et à mon désespoir.

« Vous avez sûrement entendu parler des malheureux naufragés de Calais, jugés, acquittés plusieurs fois, ayant été au moment d'être renvoyés, et toujours replongés sans raison dans une situation plus affreuse et plus misérable. Qu'ont-ils fait ? puisqu'ils ont été jetés en France malgré eux, puisqu'ils ne portaient point les armes contre leur pays ! Si vous daigniez lire leur défense, vous seriez convaincu de la justice de leur cause. Hélas ! mon père est parmi ces naufragés, il fut leur chef ; il languit, il meurt en prison ; on aurait pitié de ses souffrances si on les connaissait bien. Depuis près de cinq ans, il est en prison, tantôt avec les fous, tantôt avec les malfaiteurs, transféré de cachot en cachot. Depuis onze mois enfermé dans les casemates de la citadelle de Lille, il vient d'être conduit enchaîné dans celles de Ham, sans pouvoir expliquer ce surcroît de rigueur. Abandonné de tout le monde, au secret le plus rigoureux, on m'a arraché de sa prison, où je vous demande à genoux qu'on me fasse rentrer, si je ne puis obtenir sa liberté entière.

« Prenez-moi pour gage de sa parole et de sa soumission à tout ce qu'on pourrait exiger de lui. *Si on daignait m'enfermer à sa place, ce serait faire le bonheur de ma vie,* et on serait sûr de lui dans le lieu de sa déportation. Prenez pitié de ma douleur, accordez-moi cette grâce ; vous effacerez par là les malheurs qui me font pleurer sans cesse : car j'ai perdu sur l'échafaud mes parents les plus chers ; il ne me reste que mon père et mon jeune frère ; prenez pitié de nous ! Tous les jours nous vous bénirons ; la reconnaissance éternelle de deux enfants si malheureux influera sur le bonheur de votre vie ! Elle vous environnera toujours, parce que vous aurez sauvé leur père qui périssait sans vous. Vous êtes trop grand pour rejeter notre prière ; soyez notre sauveur, et croyez que votre nom ne sera jamais prononcé devant nous sans qu'il soit béni du fond de nos cœurs. »

C'était le 25 novembre 1799 que cette intéressante enfant écrivait au premier consul, et le 9 du mois suivant, Napoléon Bonaparte signait l'ordre du départ de M. le duc de Choiseul et de ses compagnons d'infortune pour un pays neutre, où ils furent mis en liberté.

CATHERINE LOPOLOW.

A l'âge de sept ans, Catherine Lopolow suivit ses parents condamnés à l'exil en Sibérie. Au bout de deux années, elle prit la résolution d'aller seule à Saint-Pétersbourg, pour implorer la clémence de l'empereur de Russie. Vainement son père et sa mère firent tous leurs efforts pour la détourner d'un projet si difficile, et qui paraissait même impossible dans un âge si tendre. Pour toute réponse, cette pieuse fille leur répétait : — Ne vous mettez point en peine, la Providence m'aidera. Après les plus tendres adieux, Catherine se mit donc en route sans autre ressource que les aumônes que les âmes charitables pourraient lui faire.

Concevez quel courage il fallait à cette enfant pour entreprendre à pied un voyage de huit cents lieues, dans un pays coupé par des déserts, des monts escarpés et des rivières.

Arrivée heureusement à Saint-Pétersbourg, cette jeune fille, animée et soutenue par le sentiment sacré de la piété filiale, alla demander l'hospitalité à une dame qu'on lui avait indiquée comme l'ange tutélaire et le soutien des infortunés. C'était la princesse Troubetskoy, sœur du maréchal comte de Romanzoff, qui, faisant le plus noble emploi de sa fortune, logeait dans sa maison tous les voyageurs sans asile et retraçait ainsi les mœurs hospitalières des anciens patriarches.

Cette dame si digne d'hommages, ayant accueilli favorablement l'intéressante Catherine, mit tout le zèle possible pour la seconder dans son honorable entreprise, dès qu'elle en eut su le motif respectable. Elle l'adressa à un seigneur qui remit son placet à la commission chargée de réviser les anciennes affaires criminelles. Celle-ci ayant été revue avec le plus grand soin, on trouva que Lopolow avait été justement condamné à l'exil; mais, ne pouvant laisser sans récompense le courage insigne et la piété filiale dont cette excellente enfant donnait un si bel exemple, la commission demanda la grâce du père à l'empereur Alexandre. Suivant l'impulsion de son âme généreuse et magnanime, cet illustre souverain se fit une douce satisfaction de l'accorder sur-le-champ, et il fit donner en outre une récompense considérable à la jeune et vertueuse Catherine.

HONORINE GOHARD.

Honorine Gohard, jeune paysanne du village de Pontoise, près Noyon, a eu la satisfaction de sauver la vie à l'auteur de ses jours.

Le 4 juillet 1811, le feu se manifesta dans ce village, où malheureusement il détruisit quatre maisons. Honorine était sortie de son habitation embrasée; elle cherche dans la foule son père, vieillard de soixante-quinze ans, infirme et aveugle. Ne le trouvant pas, elle se doute qu'il est resté dans la maison. Sans consulter le danger qu'elle va courir, elle rentre aussitôt, et, à travers les flammes, elle aperçoit son père dans une pièce que le feu commençait à gagner. Elle s'élance vers lui, le prend dans ses bras, et, passant au milieu des tourbillons de feu et de fumée, elle parvient à le sauver par une fenêtre.

Pendant quelques instants on l'avait crue victime de ses pieux sentiments, et les habitants étaient dans l'admiration d'un fait qui tenait du prodige ; car, le vieillard étant de la plus haute stature, et Honorine, âgée de seize à dix-huit ans, petite et très-délicate, il paraissait miraculeux qu'elle n'eût point succombé à sa noble entreprise. Quand elle vit son père en sûreté, cette généreuse enfant tomba à ses genoux, les arrosa de ses larmes et parut insensible à tout ce que cet incendie lui ravissait, pour se livrer entièrement à la joie d'avoir sauvé celui qui lui avait donné l'existence.

MARIE-FRANÇOISE MARCY.

Marie-Françoise Marcy avait été désignée à M. le

préfet de la Seine par le maire de la commune de Colombes, comme méritant, par sa sagesse et sa bonne conduite, d'obtenir la dot de 600 fr. qu'un décret impérial accordait à plusieurs jeunes filles à l'occasion du couronnement de l'empereur. Le préfet prit, en conséquence, un arrêté qui autorisait le maire de Colombes à proclamer celle qu'il désignait. Le maire l'appela pour lui donner lecture de l'arrêté du préfet.

La jeune fille, fondant en larmes, lui dit : — Je ne crois pas mériter tant de bontés, je vous en remercie. Puis, se jetant au cou de sa mère, elle ajouta : — Vous voyez ma mère; elle est bien faible, souvent malade; elle n'a rien : il faut pourtant nourrir aussi mes deux jeunes frères et mon grand-père, qui est très-vieux et très-infirme. Je suis seule dans la famille en état de travailler pour les autres; si je me mariais, j'aurais d'autres devoirs à remplir; et qui donc aurait soin de mes parents? Non, monsieur le maire, jamais. C'est moi qui remplacerai toujours auprès de ma famille mon père que nous avons perdu. Je ne veux ni ne dois me marier; je vous prie de remercier M. le préfet et de lui dire que, malgré mon refus, nous prierons toujours Dieu pour qu'il comble l'empereur et sa famille de ses bénédictions.

L'impératrice, ayant été informée de cet acte de piété filiale, fit parvenir à la jeune Marcy une somme de 1,000 fr., non pour lui servir de dot, mais pour être employée comme elle jugerait convenable.

CATHERINE DESROCHES.

Catherine Desroches, née à Poitiers, est également citée dans les beaux exemples de piété filiale pour les tendres sentiments qui lui firent refuser toute proposition de mariage, afin de ne point se séparer d'une mère chérie devenue veuve, et dont elle était toute la consolation. La jeune Catherine Desroches était d'une beauté remarquable. Dès l'âge de quinze ans, elle avait été recherchée par divers jeunes gens de bonne famille, à cause de son esprit et de ses vertus. — Maman, dit-elle à sa mère, je ne désire qu'une seule chose au monde : c'est de vivre et de mourir avec une amie telle que vous. A douze ans, elle composait déjà des pièces de vers, qui ont été recueillies et publiées en 1575. La peste, qui désola le Poitou en 1580, emporta le même jour la mère et la fille; elles moururent avec le calme de la vertu et au milieu des étreintes d'une amitié sublime.

―

ÉLÉONORE WILLIAM.

M. William, Anglais établi à Sèvres, près Paris, y dirigeait une riche pépinière et cultivait en paix ses champs; Eléonore, sa fille unique, faisait sa joie et son bonheur. Le 30 décembre, cet étranger succomba à une violente maladie. Eléonore, en proie à la plus vive douleur, resta deux heures en faiblesse sur le sein de son respectable père, liée par les derniers mouvements de l'amour paternel et par des bras raidis dont on ne put la dégager qu'avec effort. Elle s'occupa toute la journée des déclarations, des devoirs qu'exige l'état civil, sans que l'on pût se douter des fortes émotions qu'elle concentrait, et qui devaient bientôt opérer un si terrible effet. Le bon vieillard fut déposé dans un bosquet qu'il fréquentait de préférence. Des fleurs, dont il avait pressé le développement, belles comme les fleurs du printemps, furent transportées sur sa tombe couverte de bourgeons que sa fille avait détachés des sapins et des mélèzes de la pépinière; elle passa la nuit entière dans ces lugubres et sentimentales occupations, au milieu des neiges et des glaces du moment, à la clarté brillante de la lune. A la pointe du jour, on trouva le corps de la jeune et pieuse fille étendu sur les rameaux, les fleurs et le verglas qui couvraient la tombe de son père; on essaya de la ranimer... elle n'était plus !

MARGUERITE MORUS.

Lorsqu'en 1534 Henri VIII, roi d'Angleterre, changea la religion de son royaume, Thomas Morus, alors grand-chancelier, ne voulut point abjurer la croyance de ses pères, et il préféra mourir sur un échafaud, où il eut la tête tranchée. Marguerite, sa fille, avait d'abord tenté toutes les démarches possibles pour le sauver; ensuite elle avait obtenu de partager sa captivité. Après sa mort, elle acheta, à prix d'or, la tête de cet illustre auteur de ses jours; elle la fit embaumer et la conserva pieusement dans une urne d'argent. Dénoncée pour ce fait, elle s'exprima avec une telle énergie, qu'elle imposa à ses juges l'admiration et le respect.

SOPHIE DE MARTANGE.

Dans le cours de la révolution de 1792, un trait qui a quelque analogie avec le précédent eut lieu à Paris, de la part de la jeune Sophie, fille unique du comte de Martange, que le chevalier de Saint-André avait sauvé en se sacrifiant lui-même à cet effet. Le bon jeune homme est condamné à mort et exécuté. Sophie a le courage d'assister à ses derniers moments et de suivre les charrettes qui transportaient les restes inanimés des victimes du tribunal révolutionnaire au lieu où l'on avait coutume de les jeter dans des fosses préparées à cet effet. Là, quand tout le monde est retiré, elle s'approche du fossoyeur, dont elle a flatté la cupidité. — 100 louis, dit-elle, seront la récompense du service que je vous demande, qui est de me délivrer la tête d'un homme qui était le meilleur ami de mon père; elle est facile à reconnaître : de grands yeux annonçant les plus nobles sentiments, une belle chevelure blonde, et toutes les grâces de la jeunesse. Le fossoyeur, attendri, ne peut résister, et la tête est remise à la jeune fille, qui l'enveloppe précieusement dans un voile et se hâte d'accourir à son domicile, comme si elle eût été coupable du plus abominable larcin. Arrivée au coin de la rue Saint-Florentin, Sophie est accostée par un inconnu qui veut s'emparer de ce qu'elle cache avec tant de soin. La pauvre fille, succombant à son émotion, tombe évanouie et laisse voir aux yeux effrayés la tête qu'elle portait et qui roule sur le pavé. Prise d'abord pour un assassin, elle est conduite au comité révolutionnaire de la section des Champs-Elysées ; là, elle raconte naïvement la démarche inouïe que lui avait inspirée le sentiment de la reconnaissance. On voulut bien ne pas lui en faire un crime et lui permettre de garder cette tête, qu'elle plaça dans une urne funéraire au milieu de son appartement. Un mois s'était à peine écoulé, qu'un matin on la trouva morte au pied de ce monument funèbre.

EULALIE ROUCHER.

Eulalie Roucher a été justement célébrée pour son talent précoce et pour sa vive tendresse envers l'auteur de ses jours, l'auteur du beau poëme des *Mois*. Elle lui écrivait un jour : « Rien ne se dépense plus vite que le temps ; il court à bride abattue sur la botanique, l'anglais, le latin, l'italien, et quelques lectures françaises. Je ne compte point encore le ménage, la toilette, la couture, le dessin, etc.; et notre correspondance qui devrait être en tête de la liste. » On voit par cette énumération combien de talents divers Eulalie voulait acquérir. Roucher, comme tant d'autres gens de mérite, fut jeté dans les prisons sous le régime de la terreur ; et la correspondance de sa fille, âgée de dix-sept ans, devint sa plus grande consolation. Un matin ce bon père lui écrivait :

> Oui, tu seras toujours, chez la race nouvelle,
> De l'amour filial le plus parfait modèle !
> Tant qu'il existera des pères malheureux,
> Ton nom consolateur sera sacré pour eux.

Quand Eulalie reçut le billet, l'infortuné Roucher

n'était plus : le tribunal révolutionnaire venait de l'envoyer à la mort !

HERVÉ DE LA BAUCHE.

M. Hervé de la Bauche, noble vieillard que tous les habitants de Nantes révéraient, a dû la vie, dans ces temps déplorables de notre première révolution, à l'amour de sa fille, âgée de douze ans, qui voulut absolument le suivre en prison lorsqu'on vint l'arrêter. Ils furent conduits dans la prison du Bouffay, d'où l'on devait transférer, le jour même, dans celle appelée l'Entrepôt, un certain nombre de victimes. Le proconsul qui désignait les individus à transférer, venant à M. de la Bauche, qu'il connaissait pour un homme de bien, se dit à lui-même : — En voilà un du nombre de ceux pour lesquels il n'est pas besoin de jugement; c'est pieux et ça regrette la royauté, il faut que ça périsse. Mais, déguisant ses affreuses pensées sous des apparences affectueuses, il lui dit qu'il le changeait de lieu afin que son incarcération lui fût moins pénible. — Je vous en supplie, laissez-moi toujours accompagner mon père, lui dit sa tendre fille. — Accordé, mon enfant, répondit le proconsul, le sourire sur les lèvres. Et le vieillard abusé remercia le monstre. Oui, le monstre! car c'était la mort qu'il accordait au père et à l'enfant; il venait d'expédier l'ordre de faire périr, dans la nuit suivante, tout ce qui se trouverait à l'Entrepôt.

M. Hervé de la Bauche est conduit avec quantité d'autres compagnons d'infortune à sa nouvelle prison; il y arrive appuyé sur sa fille. Un soldat, qui était de faction à la porte d'entrée, ne peut se défendre de pitié en voyant cette enfant soutenir la démarche chancelante de son vieux père; il sait qu'ils marchent tous deux à la mort.... — Pauvre petite, dit-il en l'abordant, si jeune en prison! — J'aime bien mieux être là avec mon père que de l'y laisser tout seul. — Chère enfant! et l'on a pu vous envoyer ici! — J'en suis bien contente; on dit que mon père sera mieux dans cette prison que dans l'autre. — Ah! si vous le pouvez encore, retournez plutôt; ici tout doit périr cette nuit même.

Ainsi prévenue, l'enfant se présenta devant l'homme qui comptait les victimes, et obtint de lui d'être reconduite avec son père au Bouffay, comme n'ayant pas encore été jugés. Qu'importait au commissaire d'accéder à cette demande ! envoyer subir un jugement, c'était loin d'accorder la grâce. Il donna l'ordre, et cet ordre fut la vie pour le père et la fille. Dans la nuit même (comme l'avait dit le soldat), tout ce qui était à l'Entrepôt fut englouti dans la Loire !

MESDEMOISELLES GAGNIÈRE.

A cette époque sanglante où la France était transformée en république, les Lyonnais prirent les armes pour secourir l'horrible joug de la convention. Celle-ci envoya soixante mille hommes de troupes, qui ne vinrent à bout de réduire la ville qu'après un siége meurtrier. Les femmes lyonnaises, ayant déployé la plus grande bravoure dans ces circonstances mémorables, furent poursuivies avec acharnement par le parti vainqueur. La veuve Gagnière est condamnée à mort ; mère de deux jeunes filles des plus intéressantes, on voit ces pauvres enfants courir implorer les proconsuls et les juges en faveur de cette mère chérie. N'ayant rien obtenu, elles viennent sur l'échafaud la presser dans leurs bras, et demandent en grâce de mourir à sa place... Les bourreaux se plaisent à faire tomber la tête de la mère à côté de ses filles agenouillées devant eux!

JOSÉPHINE DELLEGLACE.

Un habitant de Lyon, M. Delleglace, était envoyé des prisons de cette ville dans les prisons de la capitale : Joséphine, sa fille, ne l'avait pas quitté lors de son arrestation, et elle s'était trouvée heureuse de partager sa captivité. Elle demanda de nouveau de n'être pas séparée de l'auteur de ses jours; mais elle ne put obtenir d'être admise dans la charrette qui le transportait de ville en ville. Quoique d'une constitution très-faible, elle fit le chemin à pied, suivit pendant plus de cent lieues la voiture où se trouvait le malheureux prisonnier, lui préparait des aliments dans chaque ville, et le soir mendiait une couverture qui facilitât son sommeil dans les cachots où il couchait. Elle ne cessa pas un moment de l'accompagner de la sorte et de veiller à tous ses besoins de Lyon à Paris où la prison priva le père et la fille de la douce consolation de se voir. Habituée à fléchir des geôliers, elle ne désespéra point de désarmer des oppresseurs. Pendant trois mois, elle implora journellement les membres du comité de salut public qui avaient le plus d'influence et finit par vaincre leurs refus.

Cette tendre fille reconduisait son père à Lyon, fière de l'avoir délivré. Hélas! pourquoi devons-nous ajouter qu'elle n'eut pas le bonheur de jouir pendant longtemps de son ouvrage : épuisée de l'excès de fatigue à laquelle elle s'était livrée, la maladie la surprit en route, et elle perdit la vie, non toutefois sans bénir le ciel de lui avoir accordé la faveur de sauver l'auteur de ses jours.

MADEMOISELLE DE LA ROCHEFOUCAULT.

Pendant la déplorable guerre de la Vendée, Mlle de la Rochefoucault, condamnée à périr sur un échafaud avec son père, sut avec lui se dérober à l'exécution de son arrêt. Elle cacha l'auteur de ses jours chez un artisan, jadis leur domestique, et fut chercher ailleurs un asile pour elle.

Tous deux vivaient ainsi à l'abri des bourreaux ; mais comme leurs biens étaient confisqués, leurs ressources s'épuisèrent en peu de temps ; la jeune fille se trouva donc réduite à la dernière extrémité ; de son côté, son père était près de succomber au besoin, et de plus, elle avait la terrible crainte que la pitié de l'artisan ne vînt à se lasser.

Une circonstance fortuite se présente ; elle la saisit avec empressement, résolue de se dévouer pour le salut de son père. Un général républicain traversait la ville où elle s'était réfugiée ; elle lui écrivit en ces termes :

« Une fille a droit de réclamer, en faveur de son père, la sensibilité des hommes. Condamnée à mort avec mon père, j'ai tout tenté pour l'arracher à son funeste sort ; c'est moi qui l'ai dérobé à la hache des bourreaux ; mais, en le rendant à la vie, je n'ai pu lui fournir tous les secours que ses besoins réclament. Mon malheureux père, dont tous les biens ont été confisqués, languit en ce moment dans la plus profonde indigence. Sans vêtements, sans pain, sans appui, il ne lui reste pas même la ressource de pouvoir implorer la commisération publique, et d'attendrir les cœurs sensibles à la vue de ses cheveux blancs. Mon père, s'il n'est promptement secouru, va périr de misère dans son asile, et, pour avoir voulu le dérober au supplice, j'aurai bientôt l'affreux regret de l'avoir livré à une mort bien plus cruelle que l'échafaud. Jugez, général, de l'excès de mon malheur, et s'il est digne de pitié. Il ne me reste plus qu'un moyen, celui d'éprouver votre générosité ; *je vous offre ma tête ; je consens à marcher à l'échafaud,* si vous voulez vous engager à donner un prompt secours à mon père expirant. Vous trouverez au bas de ma lettre le lieu de mon asile ; j'y attendrai la mort avec joie, si je puis me promettre que vous serez touché de ma prière. »

Le général va trouver l'intéressante créature qui se dévoue si noblement. Mlle de la Rochefoucault tremble d'abord à son aspect. Mais ce n'est pas un ennemi qui se présente, c'est un protecteur. Entraîné par l'ascendant de cet acte de piété filiale, le guerrier secourut de suite le père et la fille ; il n'exigea qu'une seule condition, c'est que l'on garderait un profond secret sur la révélation qu'on venait de lui faire ; cela fut promis par serment. Outre qu'il est beau de faire le bien avec modestie, il était essentiel alors de conserver des secrets de cette nature ; car les lois de la république étaient terribles contre quiconque avait pitié d'un royaliste.

MADEMOISELLE DE BEAUVOLLIERS.

Mlle de Beauvolliers, fille du trésorier des armées catholiques et royales de la Vendée, fut emmenée prisonnière, à l'âge de dix-huit ans, avec sa mère, par les troupes républicaines, et conduite à Angers, dans une communauté nommée le Calvaire, où se trouvaient renfermées environ douze cents victimes. L'une d'elles a publié les détails suivants :

« Un matin, on nous lia deux à deux et l'on nous fit prendre le chemin du Pont-de-Cé. Le député Francastel et la guillotine marchaient à notre tête. Ce sanguinaire conventionnel nous conduisait d'un air triomphant à la mort. Nous étions à peu près à mi-chemin, lorsqu'un courrier, qui allait le chercher à Angers, lui remit une dépêche, par laquelle on l'engageait à ne pas encore amener les détenus du Calvaire, parce qu'on ne saurait qu'en faire en ce moment au Pont-de-Cé. On nous fit faire halte, et, à la mine sinistre et féroce de Francastel, nous crûmes qu'il allait nous faire jeter dans la Loire. Mais, hélas! on nous réservait à de plus grandes souffrances.

« Après avoir été, pendant plus de trois heures, dans les plus vives angoisses, nous fûmes conduits au village de Saint-Aubin, attenant au Pont-de-Cé, et enfermés dans l'église de ce village, où nous passâmes trois jours et trois nuits sans recevoir aucune nourriture. Le quatrième jour nos gardiens furent changés; ceux qui les remplacèrent, étant moins inhumains, laissèrent entrer les personnes charitables qui attendaient avec impatience le moment de nous apporter des aliments. On se fera parfaitement l'idée de l'état d'inanition et de défaillance où nous nous trouvions; l'incertitude de notre destinée augmentait encore l'horreur de notre situation. Désirant en sortir à quelque prix que ce fût, nous demandâmes à nos gardiens s'ils savaient à quel sort nous étions réservés. Ils nous répondirent que les déportés allaient partir de suite, et que ceux qui étaient condamnés à la mort subiraient leur supplice dans la journée.

« Alors on ouvrit la porte de l'église donnant dans le cimetière, et l'on nous y fit passer tous.

Nous pensâmes qu'en nous déposant dans ce lugubre local, où l'image de la mort s'offrait à nos yeux de tous côtés, on voulait nous annoncer la fin qui nous attendait. Quoiqu'il n'y eût aucun espace à traverser pour aller de l'église au cimetière, le passage dura longtemps, par la difficulté d'arracher des bras de leurs mères, fondant en larmes, les enfants à qui l'on reprochait durement les sentiments religieux et royalistes qu'elles leur avaient inspirés, et en disant qu'on allait les faire instruire dans les principes opposés ; ce qui mettait le comble à la désolation des mères et des enfants. Plusieurs de ces innocentes créatures demandaient, comme un bienfait, de mourir avec celles qui leur avaient donné la vie... »

Le cri de ces âmes ingénues pénétra encore jusqu'à l'âme de ces êtres qui semblaient avoir juré d'être insensibles à tout sentiment d'humanité.

Il en résulta que ces proconsuls, qui s'arrogeaient le droit de vie ou de mort, firent seulement déporter les mères dont les enfants n'avaient point voulu se séparer. Mme de Beauvolliers fut du nombre de celles qui, dans cette cruelle circonstance, durent la conservation de leur existence à la piété filiale.

CHAPITRE V.

Jeunes Filles qui veulent périr avec leurs Mères.

MADEMOISELLE SOISSANDE.

Mlle Soissande, de Carpentras, fut jetée en prison avec sa mère, qui était une femme riche et vertueuse. La jeune personne, âgée de dix-sept ans, possédait une figure angélique et une âme plus belle encore. Au moment de marcher au supplice, le bourreau lui annonce, de la part des juges, que, si elle voulait consentir à l'épouser, elle aurait sa grâce.

— Ma mère aura-t-elle la sienne? demande la demoiselle, disposée à surmonter son extrême répugnance pour sauver cette mère chérie?

— Non, lui répond l'exécuteur, je ne puis sauver que votre personne.

— Eh bien! dit la jeune victime, conduisez-moi à la mort!

FÉLICITÉ JOURDAIN.

Une dame Jourdain-Desermitant, de Nantes, incarcérée à cause de sa piété et de son royalisme, périt avec ses trois filles par l'affreux moyen des bateaux à soupapes. Un républicain voulut sauver la plus jeune, nommée Félicité, qui était remarquablement belle; il l'arrêta au moment où elle allait être précipitée dans la Loire. Félicité parut étonnée de l'humanité d'un tel être; mais voyant périr celle à qui elle devait l'existence, elle se précipita dans les flots, en s'écriant.

— O ma mère! je ne serai pas séparée de toi!

Elle tomba sur des cadavres et n'enfonçait pas, et elle criait aux bourreaux :

— Poussez-moi ! poussez-moi ! je n'ai pas assez d'eau.

Ils lui accordèrent cette grâce, et elle fut engloutie avec sa mère et ses sœurs.

MADEMOISELLE DE LA BILIAIS.

Une demoiselle de La Biliais, aussi d'une famille distinguée de Nantes, marchait également à la mort avec sa mère et ses sœurs. Un officier républicain, voulant la sauver, lui dit :

— Viens avec moi, je t'épouserai.

— Me séparer de ma mère ! répondit la jeune héroïne chrétienne, non, non. D'ailleurs j'aime mieux la mort que la honte de vous appartenir : vous êtes un ennemi de mon Dieu et de mon roi.

MADEMOISELLE LOUISE SAINTE-AMARANTE.

Mlle Louise Sainte-Amarante fut condamnée à

mort et exécutée le 17 juin 1794, à l'âge de dix-sept ans, en même temps que sa sœur, âgée de dix-neuf.

Ces jeunes personnes furent envoyées à l'échafaud avec leur mère et cinquante autres individus, comme « convaincus de s'être rendus les ennemis du peuple, en participant à la conjuration de l'étranger, en tentant, par l'assassinat, la famine, la fabrication et l'introduction de faux assignats et fausses monnaies, la dépravation de la morale et de l'esprit public, le soulèvement des prisons, de faire rétablir la royauté en France, ou toute autre domination tyrannique, et dissoudre la représentation nationale. »

Ces accusations sont des monuments d'extravagance que l'on a de la peine à concevoir aujourd'hui, mais qu'il faut conserver pour préserver les générations futures des écarts de la raison humaine. Dans la prison tous les détenus versèrent des larmes d'attendrissement en voyant les transports des deux jeunes Sainte-Amarante, lorsqu'elles apprirent qu'elles étaient portées sur la même liste de mort que leur mère.

— Ah! maman, lui disaient-elles en la pressant

dans leurs bras, Dieu soit loué! nous allons mourir avec toi!

MADEMOISELLE DE BOIS-BÉRENGER.

M. de Bois-Bérenger avait été jeté dans les prisons avec sa femme et ses deux filles. Le père, la mère et l'aînée des deux sœurs reçoivent leur acte d'accusation; la plus jeune semblait avoir été oubliée des meurtriers de sa famille.

— Que je suis malheureuse! s'écria-t-elle; on me condamne à vous survivre!

Elle s'arrachait les cheveux, elle embrassait tour à tour sa mère, sa sœur, son père; elle les baignait de ses pleurs, et répétait avec amertume :

— Nous ne mourrons donc pas ensemble!

Son acte d'accusation était seulement en retard par faute du copiste; il arrive et lui est remis. Plus de regrets, plus de larmes; les transports de la joie la plus vive leur succèdent. Elle embrasse de nouveau ses parents :

— Dieu soit loué! leur dit-elle, nous mourrons ensemble!

Elle se para comme un jour de fête et coupa elle-même les tresses de sa belle chevelure. Avant de sortir de la prison, elle pressa dans ses bras sa mère désolée de voir périr de si bonnes filles ; et comme dans le trajet cette tendre mère ne put retenir ses larmes :

— Consolez-vous, chère maman, lui disait-elle ; n'êtes-vous pas heureuse ? toute votre famille vous accompagne, et vous allez recevoir dans le ciel la récompense que méritent vos vertus !

Si de grands crimes ont été commis dans la révolution, de beaux exemples de vertu, de sagesse, de fermeté, ont aussi été donnés au milieu de cet épouvantable désordre, et des écrivains judicieux se sont plu à recueillir notamment les traits que je viens de vous citer, parce qu'ils honorent infiniment ces jeunes personnes, véritables modèles d'héroïsme et de piété filiale.

CHAPITRE VI.

MADEMOISELLE DE LA MÉTAIRIE,

OU

LA TENDRE SOEUR.

Tous les habitants de Nantes conservent le souvenir des quatre demoiselles de la Métairie. Privées de leur père, de leur mère, elles vivaient aux lieux qui les avaient vu naître. Parce qu'elles s'occupaient à secourir les pauvres, à soigner les malades, à consoler les affligés, on les dénonça comme cherchant à reconquérir une influence aristocratique sur les bonnes gens dont elles soulageaient les misères de la vie humaine. A cette époque de douloureuse mémoire, on devenait criminel uniquement parce qu'on pratiquait la vertu. Obligées de fuir, de se cacher, on les arrêta dans une ferme avec trois de leurs cousines aussi coupables qu'elles. Amenées devant le tribunal révolutionnaire, ces sept femmes, dont la plus âgée n'avait que vingt-quatre ans, furent condamnées à mort, et l'exécution fixée au lendemain.

Les vierges innocentes furent aussitôt conduites au château de l'Horloge : c'était là que l'on renfermait les condamnés qui n'avaient plus que quelques heures à vivre. Placés sous l'horloge, ils pouvaient compter non seulement les heures, mais les minutes qui leur restaient. La vie leur échappait ainsi goutte à goutte, et les malheureux, seconde par seconde, se sentaient poussés par la main du temps vers la redoutable éternité.

Descendues dans cette espèce de tombeau, Mlles de la Métairie et leurs trois cousines entendirent la porte se refermer sur elles... Cette porte les séparait à jamais de tout ami, de tout défenseur, de toute espérance d'être sauvées sur la terre..., et cependant elles ne font point entendre des cris de désespoir ; elles tombent à genoux ; elles savent qu'il n'y a point de cachot si profond où Dieu ne descende pour soutenir ceux qui espèrent en lui... Elles l'implorent ; elles prient leur mère, qui les a précédées dans le ciel, de leur obtenir la force de mourir... de mourir si jeunes !... et quand tant de jours leur semblaient réservés !...

Pendant leurs prières, leurs larmes, leurs embrassements, les heures coulent, la nuit passe, le jour vient, le moment de l'exécution arrive, des pas se font entendre dans l'escalier qui conduit au cachot, les verroux de la porte crient, les captives se prosternent de nouveau et invoquent le Dieu des martyrs ; puis, se relevant, elles s'embrassent et disent au geôlier : — *Nous voilà...*

Une foule cruellement curieuse remplissait la place depuis plusieurs heures. Quand les sept jeunes filles parurent sur le perron du Bouffay, un murmure sourd se fit entendre parmi le peuple : c'était la pitié qui le faisait naître ; mais ce sentiment fut bientôt étouffé. Les cris : *A bas les nobles ! les aristocrates à la guillotine !* proférés par des hommes de sang, furent répétés par la multitude.

L'exécuteur, à travers la foule pressée, fraie un

chemin à ses victimes. Elles arrivent à l'échafaud. L'aînée des demoiselles de la Métairie y monte la première, en indiquant le ciel à ses jeunes sœurs, qui prient en se tenant embrassées... Elle est délivrée de la vie ! La seconde, la troisième lui succèdent... Enfin la dernière reste seule : son moment suprême est arrivé. Elle se relève de la terre où elle priait ; elle monte aussi les marches ensanglantées... Le bourreau veut l'attacher ; il lui ôte les mains qu'elle tenait sur son visage, pour ne pas voir les corps mutilés de ses sœurs.

Alors la jeune vierge apparaît dans toute sa beauté ; ses larmes n'avaient pu effacer sa jeunesse : elle venait d'avoir quinze ans ; elle regardait le ciel ; un enthousiasme divin éclatait dans ses yeux ; elle semblait un ange prêt à s'envoler loin du séjour des crimes et des douleurs. Le bourreau la regarde, et lui-même se sent un mouvement de pitié ; il laisse retomber le bras qu'il étendait déjà vers elle, il la montre au peuple, en disant :

— Elle est trop jeune, elle n'a pas quinze ans.

— Grâce ! grâce ! s'écrie-t-on de toutes parts ; la république lui pardonne ! Elle n'a pas l'âge de mourir !

Du haut de l'échafaud, la jeune fille dit à la foule :

— J'ai plus de quinze ans... Vous avez tué mes sœurs, je suis aussi coupable qu'elles.

— Non ! non ! répond la multitude ; descendez de l'échafaud ; la république vous pardonne, votre grâce est accordée.

— Je ne veux point de pardon ! je ne veux point de grâce ! s'écrie l'innocente créature. Je vois mes sœurs, elles montent vers le ciel, elles m'appellent, elles m'attendent. Oh ! par pitié, *monsieur* le bourreau, faites-moi mourir !... Je suis coupable... coupable comme mes sœurs... Je déteste, je hais la république. *Vive le roi ! vive le roi !*

— Eh bien ! qu'elle meure donc !... répliquèrent quelques voix.

— Qu'elle meure donc ! ajouta la foule.

A regret l'exécuteur se saisit de sa victime, et bientôt l'ange avait rejoint les anges !

C'est ici l'occasion d'appliquer à ces jeunes chrétiennes la sublimité de la vertu exaltée par Plutarque, lorsqu'il dit : « Son caractère essentiel est d'être toujours en puissance d'elle-même, de n'être découragée par aucun malheur, surchargée par aucun poids, ni terrassée par aucune force. Son caractère est de se fortifier dans les circonstances difficiles, de briller dans les périlleuses. La jeune vierge qui lui a donné asile dans son sein a le cœur tranquille et la tête forte ; son âme est un foyer perpétuel de magnanimité et de sainteté. »

L'aînée des demoiselles de la métairie
y monta la première.

CHAPITRE VII.

HENRIETTE, HÉLÈNE ET AGATHE WATRIN,

ou

LES VIERGES DE VERDUN.

Nous avons parlé d'Henriette de France, fille de Louis XV, qui avait une si grande aversion pour le mensonge ; elle ne se doutait certainement pas que la stricte et rigide observation de la vérité, dans une question d'humanité, pourrait coûter la vie. Eh bien ! Henriette, Hélène et Agathe Watrin, trois sœurs dont la plus âgée avait dix-sept ans, ont fait cette triste épreuve, et l'ont soutenue avec un courage admirable, on pourrait même dire surhumain.

Lors de la prise de Verdun par l'armée prussienne, en 1792, ces jeunes personnes, filles d'un militaire parvenu aux grades supérieurs par son mérite et ses longs services, furent choisies pour offrir un hommage respectueux au roi de Prusse, à son entrée dans cette ville. Cette action leur fut imputée à crime pendant le régime de la terreur ; on les accusa en outre d'avoir transmis des secours d'argent à des émigrés : une loi de sang punissait de mort ce singulier genre de délit. Les sœurs Watrin furent traduites au tribunal révolutionnaire, qui les condamna à mort. Leur innocence et leur candeur intéressèrent leurs bourreaux eux-mêmes ; l'homme qui remplissait les fonctions d'accusateur public près ce tribunal sanguinaire leur fit insinuer qu'elles n'avaient qu'à nier le fait, et qu'elles obtiendraient leur liberté ; mais, ô sublimité de la vertu ! elles refusèrent de se prêter à un désaveu mensonger et préférèrent marcher à l'échafaud, où elles reçurent la palme du martyre, le 23 avril 1794.

Henriette Barbe et Sophie Tabouillot, âgées de treize à quatorze ans, filles d'anciens magistrats de

Verdun, furent condamnées, le même jour et pour la même cause, à vingt années de prison et six heures d'exposition publique.

Les trois sœurs marchèrent à la mort en même temps que quarante-trois autres victimes qu'on immola comme elles, et qui admirèrent le noble courage et la vertueuse résignation de ces infortunées. Notre grand poëte Delille a célébré la mémoire de ces intéressantes victimes dans son poëme de *la Pitié*. Un autre poëte, M. Victor Hugo, a consacré les prémices d'un talent précoce à payer un juste tribut d'hommages à ces jeunes Françaises, dans un poëme intitulé : *les Vierges de Verdun*.

CHAPITRE VIII.

Jeunes Personnes qui se sont distinguées par leur Science.

ATHÉNAÏS.

Athénaïs était fille de Léonce, philosophe athénien. Elle annonça dès son jeune âge tant de goût pour les sciences, que son père l'initia dans les belles-lettres et les mathématiques. Il est rare que l'enfant qui veut travailler ne trouve pas sa famille disposée à le seconder, et, s'il appartient à des parents pauvres, il semble que Dieu suscite quelque riche étranger qui prendra ce soin. Le père d'Athénaïs avait de la fortune ; il donna tout son bien à ses deux fils.

— Personne, se dit-il, ne peut être comparé à ma fille pour le raisonnement et pour l'éloquence ; cette richesse d'esprit doit lui suffire.

Cette singulière idée de ce philosophe devint une plus grande source de bonheur pour la jeune fille ; car, ne trouvant pas la dialectique de son père fort juste, elle prit le parti de venir conter sa peine à Pulchérie, sœur de l'empereur Théodose, et lui parla avec tant de grâce et de sagesse, que cette princesse fut charmée de la connaître et l'adopta pour sa fille. Voilà donc Athénaïs dédommagée bien au-delà de ses espérances ; mais ce n'était qu'un premier pas vers une plus haute fortune. Théodose fut si vivement touché du mérite de cette jeune personne, qu'il l'éleva au rang d'impératrice. Athénaïs embrassa le christianisme et prit le nom d'Eudoxie. Elle écrivit en vers la vie de Jésus-Christ et composa un poëme sur la guerre des Perses.

Nous ne devons pas moins faire l'éloge de la pro

tectrice d'Athénaïs; car Pulchérie, fille de l'empereur Arcadius, devenue orpheline dès l'enfance, ne s'appliqua pas moins à s'instruire et acquit de bonne heure de grandes connaissances dans les sciences les plus élevées; c'est pourquoi Théodose l'associa au gouvernement de l'empire d'Orient, quoiqu'elle ne fût que dans sa dix-septième année; mais c'est qu'à cet âge où tant de personnes savent à peine se conduire avec prudence, il avait reconnu dans cette sœur une haute sagesse, un profond discernement dans les affaires et le plus tendre amour pour les peuples qu'il avait à gouverner. Théodose étant mort, elle lui succéda à l'empire, et les historiens rapportent qu'elle occupa dignement un trône où l'avaient fait monter ses vertus et ses lumières.

FIDÈLE CASSANDRE.

Fidèle Cassandre, de Venise, que, dans une de ses lettres, Ange Politien nomme l'ornement de l'Italie, montra dès son enfance un goût extraordinaire pour les sciences et apprit les langues avec une facilité surprenante. A peine dans son adolescence, elle savait déjà la philosophie, la théologie et l'histoire ; elle soutint des thèses devant l'université de Padoue et mérita les éloges des savants, qui la regardaient comme un prodige. A l'étude des hautes sciences elle avait joint la connaissance de l'art musical ; elle jouait avec perfection du luth, de la lyre, de la viole et de l'épinette. Sa voix, cultivée avec goût, ajoutait au charme de ces instruments alors fort à la mode. Les papes Jules II et Léon X, le roi de France Louis XII, Ferdinand, roi d'Aragon, Elisabeth de Castille et le duc de Milan lui donnèrent des marques particulières de l'estime qu'ils avaient pour sa personne.

Tant de brillantes qualités auraient pu lui ouvrir le chemin de la fortune et des hauts rangs de la société ; mais aussi modeste que savante, et préférant la retraite au grand monde, elle se renferma dans la maison des hospitalières de Venise, où Dieu lui accorda de longs jours ; car elle vécut cent deux ans.

SŒURS NOGAROLE.

Les auteurs italiens nous ont transmis le nom de

la famille Nogarole comme ayant illustré la ville de Vérone, parce que la science et la vertu paraissaient être héréditaires parmi les femmes qui la composaient. En parlant d'Antoinette Nogarole, ils nous disent que sa beauté, son esprit et son savoir lui firent une grande réputation.

Pour nous faire connaître Angélique, sa fille, ils s'expriment ainsi : « La nature avait pris plaisir à orner son âme de toutes les vertus, et son corps de toutes les grâces. Elle avait une connaissance de presque tous les arts, et l'on croyait, en l'entendant parler, qu'elle avait lu tous les livres. Modeste, douce, complaisante, elle fut un miroir de chasteté et un modèle pour toutes celles de son sexe. »

Enfin, ces auteurs nous disent que Isotta Nogarole, autre demoiselle de la même famille, surpassait en éloquence les plus grands orateurs d'Italie, et que des harangues prononcées par elle devant les papes Nicolas V et Pie II doivent la faire considérer comme un puits de science.

MARIE STUART.

Marie Stuart, fille de Jacques V, roi d'Écosse, née le 15 décembre 1542, perdit son père sept jours après sa naissance, et, à l'âge de six ans, les troubles de son pays l'obligèrent à venir en France chercher un refuge. Elle devint bientôt le sujet de l'admiration de toute la cour. Chaque année ajoutait à ses talents comme à sa beauté. On remarquait en elle un jugement droit, une intelligence vive, une imagination brillante, une mémoire heureuse et une facilité d'expression remplie de grâce; elle était en outre très-bonne musicienne et touchait du clavecin avec supériorité.

A seize ans, Marie Stuart épousa François II et devint veuve au bout de deux ans et demi. La régente d'Écosse, sa mère, étant morte au mois de juin 1560, Marie se vit contrainte de quitter la France pour retourner dans ses états. Sa destinée a fourni aux historiens des scènes du plus grand intérêt par les nombreux évènements qui se succédèrent à son égard, et qui finirent par la conduire sur l'échafaud, où, par l'ordre d'Élisabeth, reine d'Angleterre, sa cousine, elle eut la tête tranchée dans le château de Fotheringay, au comté de Northampton, le 18 février 1587, sous le prétexte qu'elle avait trempé dans une conjuration contre l'Angleterre.

Voilà en abrégé l'historique des malheurs de cette princesse, qui nous a laissé un poëme de sa composition sur la vanité des choses du monde.

CHRISTINE DE SUÈDE.

Christine de Suède, née en 1626, doit surtout à l'instruction qu'elle acquit dès son jeune âge la brillante renommée dont elle jouit dans l'histoire. Il est vrai qu'elle avait une mémoire prodigieuse, ce qui sert beaucoup à l'enfant doué de cette qualité; mais, si elle n'avait point étudié avec ardeur dans son adolescence, elle n'eût point parlé huit langues. A l'âge de six ans, elle répondit en latin à des ambassadeurs. A sept ans, elle était reine, ce qui ne l'empêcha point de continuer à s'instruire. A vingt-sept ans, elle déposa librement la couronne pour se livrer entièrement aux sciences et aux arts.

MARIE LEJARS.

Le nom de Marie Lejars de Gournay, fille de Guillaume Lejars, seigneur de Neuvy, ne serait point venu jusqu'à nous, sans l'instruction extraordinaire qu'elle voulut acquérir. Mais, dès son enfance, elle témoigna tant de goût pour les sciences, et s'appliqua à l'étude avec tant de soin, qu'elle surpassa bientôt en savoir ceux qu'on lui avait donnés pour l'instruire. Cette demoiselle perdit son père très-jeune; Michel Montaigne lui en tint lieu, et il était dans l'admiration de la voir étudier continuellement. Cette jeune savante s'est tellement rendue célèbre par son esprit, que les plus grands hommes de l'Europe, dans le seizième siècle, se faisaient gloire de lui écrire et de recevoir de ses lettres.

―

YOLANDE DE CÉO.

Yolande de Céo, née à Lisbonne, en 1603, annonça, dès sa plus tendre enfance, le goût de la poésie et des belles-lettres. Elle cultiva avec tant de fruit ces heureuses dispositions, qu'à l'âge de seize ans, elle fit représenter sur le théâtre de Lisbonne une pièce intitulée : *l'Ame convertie à Dieu*, sujet pieux qui obtint le suffrage du public et qui fut joué en présence de Philippe III, roi d'Espagne.

Ce brillant début encouragea cette jeune personne, qui continua à parcourir cette carrière avec le même succès. Ce qu'il y a de plus extraordinaire, c'est que ce fut au sein d'une cellule que Yolande de Céo se livra à son génie dramatique. Il faut vous dire qu'il fut un temps où l'on ne jouait sur les théâtres que des sujets religieux. Ce bel art, qu'ont poussé si loin dans notre patrie Corneille, Racine, Molière et tant d'autres, a commencé en France par la représentation d'évènements puisés dans l'Histoire sainte, tels que la Naissance de Jésus-Christ, la Fuite en Egypte, la Passion, etc. La tragédie d'*Esther*, de Racine, fut représentée pour la première fois à Saint-Cyr, et les rôles étaient remplis par les religieuses du couvent.

ANNE LEFÈVRE.

En 1651, il naissait à Saumur une enfant qui devait recevoir les plus glorieuses marques d'estime des personnages les plus illustres de son siècle ; cette enfant, c'est Anne Lefèvre, fille de Tanneguy Lefèvre, professeur de langue grecque. Ce professeur avait un fils qu'il instruisait avec grand soin. Pendant qu'il lui donnait des leçons, Anne travaillait auprès d'eux à des ouvrages d'aiguille pour sa poupée, et, sans qu'on s'en doutât, elle acquérait autant que son frère, rien qu'en lui entendant répéter ce qu'il avait étudié. Un jour, le jeune écolier se trouvant embarrassé par les questions de son père, sa sœur, touchée de la situation pénible où elle le voyait, lui suggéra tout bas les réponses qu'il fallait faire. M. Lefèvre l'entendit, et, ravi de joie autant que de surprise, il résolut d'étendre sur elle ses soins et de l'appliquer à l'étude.

Dès ce moment, cette petite fille, qui n'avait que onze ans, fut assujettie à des leçons réglées. En peu de temps elle fit des progrès si rapides dans les langues latine et grecque, que son père, homme fort instruit, la regarda comme son égal pour la science, et ne dédaignait pas de la consulter souvent. Anne Lefèvre épousa M. Dacier, de l'Académie française, et elle nous a laissé des commentaires sur plusieurs auteurs latins, des traductions de Plaute, de Térence, d'Aristophane, d'Anacréon, les réflexions morales de Marc-Aurèle, et une traduction d'Homère.

ANNE-LOUISE KARSCHIN.

Anne-Louise Karschin, abandonnée à elle-même dans la maison paternelle, jusqu'à l'age de sept ans, n'avait encore fait autre chose que jouer du matin au soir. Il vint alors chez son père un oncle maternel qui fut touché de l'état d'ignorance absolue dans lequel on laissait croître cette enfant : c'était un homme instruit, il avait quelque aisance, il se chargea de sa nièce, l'emmena chez lui, la mit bientôt en état de lire et d'écrire couramment, et lui apprit ensuite les éléments de la langue latine. On peut bien penser qu'il agissait ainsi parce qu'il avait reconnu que la petite Louise ne demandait pas mieux que de travailler à s'instruire.

En effet, cet oncle eut la douce satisfaction de lui voir faire des progrès assez rapides. Malheureusement, sur ces entrefaites, son père mourut, et sa mère se remariant la rappela auprès d'elle, afin qu'elle servît de bonne aux enfants du second lit. Lorsqu'on n'eut plus besoin de ses services dans la maison, on l'envoya aux champs pour y garder les vaches. Voilà donc une instruction tout à fait rompue, et rien ne promettait qu'elle pût jamais se renouer. Il en eût été ainsi pour une enfant qui aurait mieux aimé jouer qu'étudier ; mais Louise, au contraire, soupirait toujours après l'étude. La Providence lui fit rencontrer un petit berger qui aimait aussi beaucoup la lecture ; il avait la facilité de se procurer de bons livres, et il en profita, s'y trouvant encouragé par sa petite camarade qui les lisait avec lui, tout en gardant leurs troupeaux.

Voilà comme il dépend souvent de nous de pouvoir bien ou mal employer le temps précieux de la jeunesse. Personne ici ne stimulait Louise ni le petit pâtre ; c'était uniquement leur bon jugement qui leur faisait sentir qu'il y a plus de profit à travailler qu'à jouer, et que l'instruction acquise dans la jeunesse est du plaisir amassé pour tout le reste de la vie.

MARGUERITE DE RAVENNE.

Marguerite, que l'on a appelée Marguerite de Ravenne, parce qu'elle vécut dans cette ville, naquit à Russy, bourg situé entre Faënza et Ravenne, de parents pauvres, et eut le malheur de perdre la vue étant encore au berceau.

Malgré son état de cécité, Marguerite n'en acquit pas moins des connaissances infinies, de sorte que dès l'âge de quatorze ans elle était recherchée pour sa sagesse et la droiture de son jugement. On la consultait de toutes parts sur des points difficiles, et elle fut souvent choisie pour arbitre dans des discussions de la plus haute importance. Frédéric II, duc de Mantoue, et le pape Paul III, témoignèrent la plus haute estime à cette vertueuse et savante fille.

PHILIPPA.

Philippa fut transportée des côtes de l'Afrique à

Boston, dans les États-Unis d'Amérique, à l'âge de sept à huit ans, et fut achetée par un Anglais qui l'emmena à Londres. Eh bien! cette enfant, née dans le climat le plus malheureux, sans éducation, sans guide, chargée des chaînes de l'esclavage, assujettie aux travaux les plus humiliants et les plus pénibles, a surmonté pour s'instruire tant d'obstacles qui auraient paru insurmontables à tant d'autres enfants.

Avec les seuls secours qu'elle put trouver dans la maison de M. Wuetley, son maître, c'est-à-dire avec l'aide des diverses personnes sous les ordres desquelles elle se trouvait et qu'elle sut intéresser par son caractère de douceur, sa résignation à son triste sort, et son zèle à remplir les devoirs de sa position, Philippa parvint à entendre, parler et écrire en peu de temps la langue anglaise. Lorsqu'on reconnut ses heureuses dispositions, on voulut bien lui confier quelques livres qui achevèrent de développer son génie et son goût ; de sorte que dès son adolescence elle composa des poésies sur les vérités les plus sublimes et les plus consolantes de la morale religieuse.

Ces pièces, où l'on remarque de la profondeur

dans les pensées et une forte expression de sentiments, furent publiées à Londres en 1773, la jeune négresse n'ayant pas encore atteint sa vingtième année.

CHAPITRE IX.

Jeunes Filles ayant acquis de la Renommée,

SOIT DANS LES ARTS,
SOIT DANS LES HAUTES PROFESSIONS DE LA SOCIÉTÉ.

ANNE-MARIE DE SCHURMAN.

Anne-Marie de Schurman fut un prodige de talents. Née à Cologne, en 1606, dès l'âge de cinq à six ans elle faisait avec des ciseaux sur du papier toutes sortes de figures sans aucun modèle ; à huit elle dessinait agréablement des fleurs, et à dix, elle savait broder. Ces commencements promettaient.

En effet, elle entreprit la peinture, la gravure, la sculpture, et y réussit très-bien. Les sciences lui furent également familières ; elle savait parfaitement le latin, le grec, l'hébreu, l'anglais, le français et l'italien, plus l'allemand, sa langue maternelle ; personne ne possédait mieux qu'elle la géographie et l'histoire, et, en outre, elle était bonne musicienne. On conçoit que tant de connaissances devaient la rendre célèbre ; aussi fut-elle en correspondance avec les hommes les plus savants de son siècle, avec divers princes et princesses qui l'honorèrent même de leurs visites.

JULIE CHARPENTIER.

Nous avons vu à Paris la petite Julie Charpentier, dans l'âge destiné aux jeux de l'enfance, annoncer son goût pour les beaux-arts, en s'amusant à modeler et en sculptant en marbre une tête dans laquelle les artistes reconnurent les heureuses dispositions de cette jeune fille.

Son père est le premier qui, en 1754, mit en usage la gravure à l'imitation du lavis. Cet artiste développa le germe des talents qui s'annonçaient dans son enfant, et Julie a prouvé depuis, par de nombreuses productions, qu'elle excellait dans le dessin, la gravure et la sculpture. Je pourrais vous faire admirer encore un autre art dans lequel elle s'est montrée très-habile, celui d'empailler les animaux; car la belle panthère que l'on voit ainsi conservée au cabinet d'histoire naturelle de Paris, est un ouvrage de Mlle Julie Charpentier.

ANGÉLICA KAUFFMANN.

Angélica Kauffmann s'est également distinguée par des vertus et des talents. Elle était fille d'un peintre tyrolien. Élevée parmi les tableaux de l'atelier, la petite Angélica ne tarda pas à faire paraître les belles dispositions qu'elle avait reçues de la nature, non seulement pour la peinture, mais encore pour la musique.

Son père, étonné des progrès qu'elle faisait dans un âge aussi tendre, prit le parti de la conduire à

Rome, afin qu'elle s'y perfectionnât en étudiant d'après les beaux modèles; car Rome possède sur les murs de ses édifices ce qu'on nomme des peintures à fresque des plus grands peintres de l'univers. Angélica se forma hâtivement, et créa elle-même de très-beaux tableaux à la fleur de son âge. Elle vint à Londres, parce que les Anglais savent apprécier les personnes de mérite et paient généreusement les produits du talent. Si même elle eût voulu accorder sa main à de riches seigneurs, elle en voyait lui offrir leur cœur avec les plus brillantes fortunes. Mais, toute dévouée à son art, Angélica préféra un peintre vénitien, avec lequel elle retourna à Rome, où elle coula les jours les plus heureux jusqu'à sa mort, arrivée en 1807.

MESDEMOISELLES DE ROSÈRES ET AUBIN.

Isabelle de Rosères, jeune Espagnole, est citée par les biographes comme ayant prêché dans l'église cathédrale de Barcelone, à l'admiration de tout le monde. On ajoute qu'étant allée à Rome sous le pontificat de Paul III, elle y convertit plusieurs juifs par ses prédications, et qu'en outre elle les tira de la misère par son extrême bienfaisance.

Nous avons eu parmi nos compatriotes la fille d'un officier, la demoiselle Aubin, qui se distingua comme orateur en prêchant des sermons qu'elle composait elle-même, et qui y gagna même beaucoup d'argent. C'était le besoin qui l'avait conduite à ces sortes de compositions, qu'elle commença par vendre à des ecclésiastiques; puis, réfléchissant qu'elle pourrait tirer un plus grand bénéfice de son talent en prononçant elle-même ses sermons, elle ouvrit un petit oratoire où l'on payait trente sous d'entrée, et beaucoup de monde y venait par curiosité; car c'était effectivement une chose singulière.

Cette demoiselle Aubin est citée dans le *Dictionnaire des femmes célèbres*, publié en 1788 par M. Lacroix, de Compiègne.

EUPHROSINE-MARCILE.

Euphrosine Marcile, fille d'Apollodore, habile architecte, naquit à Rome 116 ans avant Jésus-

Christ. Les historiens nous ont transmis son nom par un double motif : d'abord, comme enfant d'un rare mérite, ils nous la représentent, à l'âge de dix ans, écrivant correctement en grec comme en latin; elle savait par cœur et déclamait, avec autant d'âme que d'intelligence, les plus beaux morceaux d'Homère, de Virgile, d'Ovide. Les fameux orateurs et les meilleurs historiens avaient passé sous ses yeux, et elle avait fait des extraits de leurs ouvrages. Elle étudia également la géographie, les mathématiques, le dessin et l'architecture.

Mais ce qui l'honore encore plus que ses talents, c'est le tendre amour qu'elle portait à son père. Les historiens rapportent que, Apollodore ayant eu l'imprudence d'exciter contre lui la haine de l'empereur Adrien par quelques sarcasmes amers, le despote trouva moyen de l'envelopper dans une prétendue conjuration et de le faire périr sur un échafaud. C'est alors que l'on nous montre Euphrosine comme une créature céleste, modèle de piété filiale : consumée de chagrin, elle tomba dans une espèce de délire et mourut en prononçant le nom de son père. Rome entière déplora sa perte. Elle n'avait pas encore atteint sa quatorzième année.

MADEMOISELLE D'ÉON DE BEAUMONT.

Mlle d'Eon de Beaumont naquit à Toulouse, en 1728. Ses parents lui donnèrent les prénoms de Charlotte-Geneviève-Louise-Auguste-André-Timothée, et ils eurent la fantaisie de la faire passer pour garçon, parce qu'ils désiraient un enfant de ce sexe.

A l'âge de six ans, elle fut envoyée à Paris, auprès d'une de ses tantes. Au lieu d'une cornette, on lui mit un chapeau, et sa tante, au lieu de la faire étudier dans un pensionnat de demoiselles, lui fit suivre les classes du collége Mazarin. L'enfant étudia avec succès les langues savantes, fit son cours de droit, et telle fut la rapidité de ses progrès, qu'ayant devancé l'âge d'admission au doctorat, on lui obtint une dispense pour lui conférer ce titre.

Ces études sérieuses n'empêchaient pourtant pas la jeune d'Eon de se livrer à la poésie, aux belles-lettres, et même à des exercices d'adresse; car elle savait aussi bien manier un fleuret dans une salle d'armes que manier la plume dans le travail du cabinet.

Enfin, son mérite lui avait acquis une réputation si brillante et si honorable, toujours sous la qualité de jeune homme, qu'à l'âge de vingt-sept ans, le roi lui confia des missions diplomatiques de la plus haute importance dans les cours étrangères, et elle s'en acquitta à la grande satisfaction de son souverain.

Après s'être distinguée dans la carrière politique, d'Eon de Beaumont voulut acquérir de la gloire dans celle des armes, comme si elle eût été jalouse de fournir la preuve complète qu'aucun genre d'illustration ne pouvait être étranger à son sexe. Nous avions la guerre en Allemagne; il y avait donc lieu à pouvoir se signaler l'épée à la main; c'est ce que fit bientôt notre héroïne, que le roi avait nommée capitaine de dragons, et que le maréchal de Broglie avait placée parmi son état-major, en qualité de l'un de ses aides de camp. Elle fit des prodiges de valeur à la tête des troupes, et ses actions d'éclat, ses hauts faits d'armes lui valurent la croix de Saint-Louis.

Ce ne fut qu'après son retour à Toulouse auprès

de sa mère, que la France et l'Europe apprirent avec étonnement et admiration que le jeune négociateur qui avait agi comme aurait pu le faire un vieux diplomate des plus expérimentés, que le capitaine qui avait déployé une si grande bravoure sur les champs de bataille, était une femme! Cette héroïne prit alors les habits de son sexe et le titre de chevalière d'Eon. Elle est morte, à Londres, en 1795.

En outre de ses succès sur la scène du monde, comme personnage politique, la chevalière d'Eon en a obtenu dans sa vie privée comme littérateur distingué; ses ouvrages, recueillis et publiés en 1775, ne composent pas moins de treize volumes in-8°. Cette femme est donc un de ces phénomènes qui étonnent tout le monde pendant leur existence et qui laissent après eux un glorieux souvenir.

CHAPITRE X.

Actes de Courage et de Dévouement de Jeunes Filles pour sauver leurs semblables.

CAMILLA MACEDONIA.

Camilla Macedonia, jeune Sicilienne, est citée par les historiens pour sa science comme pour son courage. On connaît un poëme sur la Sicile où elle célèbre ce pays d'une manière admirable; en outre, elle savait peindre.

A l'âge de dix-huit ans, elle vint au secours de son frère que des assassins attaquaient dans son lit au milieu de la nuit. Armé d'une lance, elle fondit sur les brigands, qui étaient au nombre de trois; elle en mit deux hors de combat, et donna ainsi le temps à son frère, déjà blessé, de se rendre maître du troisième.

Ceci se passait en 1282, lorsque Pierre III, roi d'Aragon, faisait la conquête de la Sicile.

FRANÇOISE MARIETTE.

Françoise Mariette, fille d'un receveur des contributions à la Rochebeaucour, près d'Angoulême, perdit son père et sa mère à l'âge de onze ans; elle se trouva non seulement sans parents, mais encore l'unique appui elle-même d'un frère qui n'avait que dix-huit mois. Ayant recueilli pour tout héritage une petite chaumière, située sur la lisière d'un bois, elle s'y retira avec son frère, vendit du linge et des effets pour acheter du lin et du coton, et se mit à filer et à tricoter tour à tour. Dès l'âge de sept ans, elle faisait une paire de bas d'homme en deux jours, et, grâce à ce qu'elle s'était habituée au travail en sortant pour ainsi dire du berceau, elle trouva moyen, dans son état d'abandon, de pourvoir ainsi à son existence et à celle de son frère. Sa réputation s'étendit en peu de temps, et l'on venait de fort loin lui apporter de l'ouvrage, pour avoir le plaisir de contempler une enfant qui se conduisait comme une femme de trente ans et remplissait les devoirs d'une mère de famille.

A quinze ans, Françoise, grande et forte, se vit rechercher en mariage par des laboureurs aisés, qui savaient apprécier le trésor que valait une femme comme elle. Cette intéressante personne avait fixé son choix sur un homme d'un âge mûr, parce que, disait-elle, il pourrait lui servir de père ainsi qu'à son frère, et l'aider à acquérir l'expérience qui lui manquait. Mais par une fatale destinée, elle périt à cette époque, étranglée par une louve dans sa chaumière, et en s'occupant de sauver son frère, qu'elle préserva en le renfermant dans une huche. Cette mort cruelle et prématurée répandit le deuil dans tout le canton.

LA PETITE DOUCERET.

La jeune Douceret, du village de Montmançon, département de la Côte-d'Or, se trouvant seule avec son frère dans un bois près de son village, un loup survient et se jette sur le pauvre petit, qui n'avait que sept ans. La vue du danger qu'il court enflamme sa sœur, la rend intrépide; elle charge de coups l'animal féroce, et, par sa persévérance, l'oblige à lâcher prise. Jugez de sa hardiesse : elle n'a aucune arme dont elle puisse se servir dans une circonstance aussi critique, pas une pierre ne se trouve sous sa main, et c'est de son sabot qu'elle se sert avec tant d'avantages, que, le cassant sur la tête du loup, elle étourdit l'animal, qui, la regardant la gueule béante, demeure stupéfait, prend de l'effroi et finit par s'enfuir. Ceci se passait au mois d'avril 1818. Savez-vous quel âge avait cette bonne sœur ? Onze ans.

— Certainement, disait-elle, s'il ne se fût agi que de moi, je crois que le seul aspect du loup m'aurait épouvantée, et que je n'aurais songé qu'à fuir ; quand j'ai vu mon frère attaqué, je n'ai plus pensé qu'à le défendre, et je crois que la bête m'aurait mangée plutôt que je ne laissasse mon frère entre ses griffes.

Le ministre de l'intérieur, informé de ce trait par le préfet du département, autorisa celui-ci à remettre à la jeune Douceret un gage de la reconnaissance publique, en récompense de son action courageuse.

CATHERINE VASSENT.

Catherine Vassent a donné l'exemple d'un dévouement encore plus méritant. Dans la ville de Noyon, quatre pères de famille mouraient asphyxiés au milieu d'une fosse d'aisances. « Au secours ! au secours ! » s'écriaient-ils, et personne n'osait exposer sa vie pour les sauver. Une jeune fille présente, Catherine Vassent, ne peut entendre leurs cris sans se sentir émue de compassion au point de risquer son existence. Elle se fait descendre dans la fosse, retire, l'un après l'autre, trois des mourants, et cette troisième fois, à peine a-t-elle déposé son précieux fardeau, qu'elle tombe évanouie.

Un manœuvre entreprend de sauver le quatrième :

mais il ne peut résister à la vapeur qui le suffoque, il crie qu'on le retire au plus vite. Il n'a pu saisir le malheureux; car ses forces l'abandonnaient lui-même. Personne n'ose lui succéder.

Sur ces entrefaites, Catherine a repris connaissance. Apprenant que le quatrième n'a pu être retiré :

— Quoi ! s'écrie-t-elle, j'en aurai sauvé trois, et je laisserais périr le malheureux qui reste ! Non; avec l'aide de Dieu, il faut que je les sauve tous quatre !

Elle redescend, et, après des efforts incroyables, elle parvient à remonter l'infortuné. Mais, ô douleur ! tous les soins possibles ne peuvent le rappeler à la vie ; il a trop longtemps séjourné dans l'air méphitique, l'asphyxie est consommée. La pauvre Catherine en a le cœur navré. A l'âge de dix-neuf ans, elle a sauvé la vie à trois pères de famille ; chacun la console des regrets qu'elle éprouve. C'est la fille d'un simple portefaix ! Qu'importe le rang ! Le maire de la ville s'empresse de lui décerner une récompense. Louis XVI, informé de cet acte de dévouement, lui transmet un témoignage de sa haute bienveillance ; enfin, cette bonne Catherine est couronnée publiquement dans la cathédrale par l'évêque de Noyon, le dimanche 13 avril 1788.

ROSE RENAUDINEAU.

S'il est de touchantes associations, c'est lorsqu'on voit la jeunesse se réunir pour suppléer aux forces qui lui manquent et sauver ainsi l'homme en péril.

Le 11 janvier 1798, François Morineau, sortant d'un régiment de cavalerie, revenait à Challans, son pays natal, après avoir été réformé par suite des nombreuses blessures dont il était couvert. Il se trouvait à quelque distance de ce bourg, où il faut traverser une rivière pour y arriver, et cette rivière était prise par les glaces. Ce militaire voyageait à cheval. Plutôt que de faire un long circuit pour aller gagner un pont, il lança son cheval sur la glace, qui bientôt s'entr'ouvrit sous les pieds de l'animal, et le cavalier se trouva démonté par la rude secousse de la chute. Apercevant du monde dans la campagne, il appelle à son secours.

C'étaient quatre jeunes filles, Rose Renaudineau, Bonave, Caroleau et Legeay, dont la plus âgée avait dix-sept ans. Accourues sur le périlleux rivage, elles trouvent le moyen de multiplier leurs forces en se prenant par la main, et forment une chaîne. Tandis que l'une d'elles, d'un côté, se cramponne fortement à un arbre, Rose, la plus grande de toutes, plonge dans l'eau à l'autre extrémité, saisit le cavalier par le bras et réussit, ainsi aidée par ses compagnes, à le ramener sur la rive. Le froid, ainsi que la douleur occasionnée par ses blessures, l'avait fait évanouir. Les quatre libératrices parvinrent à le mettre sur son cheval et le conduisirent à une ferme voisine, où les soins généreux qu'elles lui prodiguèrent couronnèrent leur courageuse entreprise.

CATHERINE ROBAINE.

Pendant la nuit du 17 avril 1802, le feu prit dans les granges et écuries de Nicolas Harmant, au village de Voinemont, près Nancy. L'embrasement fut si prompt, que l'on crut impossible de sauver les bestiaux. Catherine Robaine, âgée de vingt ans, et domestique de la maison, ne consultant que son courage, s'élance sous les toits enflammés, coupe les liens des chevaux et des autres bêtes, parvient à les faire sortir, et sauve ainsi une partie des richesses de ses maîtres.

Dans un tel moment de confusion, chacun croyait tous les enfants sauvés, lorsqu'on s'aperçoit que le plus jeune n'a pas été enlevé du foyer de l'incendie.

— Ah! mon Dieu! s'écrie Catherine, notre pauvre petit va périr!

En disant ces mots, elle s'élance de nouveau au milieu des flammes; la foule admire son courage, en tremblant pour sa vie. Le pétillement du chaume, le craquement des poutres, les nuées d'étincelles qui voltigent à travers la fumée épaisse dont le ciel est obscurci, tout concourt à donner à ce tableau lugubre l'aspect le plus effrayant.

— O fille courageuse! que le ciel te protége! disait chacun avec la plus vive émotion, en fixant avec anxiété ses regards sur cette malheureuse habitation.

Enfin, un cri de satisfaction part de toutes les bouches : — La voilà! la voilà! Dieu soit béni!

Catherine reparaissait sans coiffure, les cheveux épars, ayant arraché quelques parties de ses vêtements où le feu avait pris; mais le sourire est sur ses lèvres, parce qu'elle tient dans ses bras et presse contre son sein l'innocente créature qu'elle vient d'arracher au trépas.

O bonté divine! A peine avait-elle passé le seuil de la porte, que l'édifice s'écroule avec fracas!

Tous les villageois, pleins d'admiration pour Catherine, la comblèrent de louanges bien méritées, et chez Harmant elle fut considérée dès lors comme un membre de la famille.

ÉLISABETH GUINEBAUD.

Le 16 juillet 1806, le petit Etienne Flamand, enfant de neuf ans et demi, tombe dans la Seine, près des Champs-Elysées. Sa sœur, âgée de treize ans, voulant le secourir, est entraînée par le courant. Vous savez que sur ce point le fleuve est profond et rapide. Catherine-Elisabeth Guinebaud, jeune personne de dix-neuf ans, fille d'un pharmacien à l'hospice du Roule, se trouvait sur la rive à cet instant. Ne consultant que son courage, et sans considérer le danger qu'elle allait courir, elle se jeta dans la Seine pour voler au secours de ces deux enfants qui allaient périr. Elle parvint à les saisir, fut d'abord submergée avec eux, puis reparut et se soutint sur l'eau sans les quitter, jusqu'au moment où des mariniers, montés sur un batelet, vinrent les retirer tous les trois.

Le magistrat chargé de la police de Paris, informé de cet acte de dévouement, décerna à la demoiselle Guinebaud une médaille qui lui fut remise dans une audience publique.

ÉMILIE MAUPIN.

Le même mois et la même année, Emilie Maupin, âgée de treize ans, se distinguait de même dans la commune de Mouy, département de l'Oise.

Un enfant de sept ans, ayant laissé tomber son chapeau dans la rivière, était entré dans l'eau pour le rattraper ; le courant l'entraînait, et il était près de périr, lorsque la jeune Emilie, sans redouter le péril, se précipite vers lui, parvient à le saisir et se trouve entraînée à son tour par les eaux plus fortes que son courage ; elle chancelait et allait perdre la vie avec celui qu'elle voulait sauver, quand heureusement un ouvrier les aperçoit, vole à leur secours et les ramène sains et saufs sur le rivage. Emilie Maupin était fille du notaire de Mouy. Vous concevez quelle joie éprouva ce père quand il apprit cette belle action de son enfant, que tous les villageois ramenaient triomphalement à la maison paternelle !

LAURENCE FONTANIÉ.

En juin 1819, Laurence Fontanié, de la commune de Boudou, département de Tarn-et-Garonne, se trouvait sur les rives de la Garonne, lorsqu'elle voit deux hommes jetés dans le fleuve par un coup de vent qui venait de submerger la barque qu'ils montaient. Cette jeune fille, âgée de quatorze ans, ne considère ni sa faiblesse, ni le danger auquel elle s'expose. Une nacelle est là sous sa main, elle s'y élance, la détache du rivage, arrive à force de rames au lieu du naufrage, et parvient à sauver les deux malheureux au moment où ils se noyaient.

LÆTITIA LORAIN.

Je citerai encore ce trait de Lætitia Lorain, jeune orpheline de la commune de La Fère, qui, le 20 juillet de la même année, sauva une petite fille de onze ans tombée dans la rivière des Trois-Moulins. Etendant une main secourable à cette enfant, elle donna le temps de voir arriver les secours qu'elle appelait par ses cris. En vain des personnes témoins du danger qu'elle courait elle-même et craignant de la voir périr victime de sa générosité, lui criaient-elles de songer à son salut en abandonnant l'autre infortunée. Lætitia eut le courage de résister à leurs conseils craintifs, et le bonheur d'être secourue à temps pour être sauvée avec sa petite protégée.

CÉLESTINE DÉTRIMONT.

Voici un mérite d'un autre genre : une maladie, qui avait tous les symptômes du typhus, vint porter la désolation et la mort dans le sein d'une pauvre famille, composée de onze individus. Déjà six avaient succombé, et les autres étaient abandonnés de leurs voisins, de leurs parents; la crainte avait glacé tous les cœurs. Cependant une inconnue vole à leur secours. Douée d'une sensibilité peu commune et animée de cette charité héroïque dont la religion seule peut fournir l'exemple, Célestine Détrimont pénètre dans ce lieu d'horreur. Une victime est encore frappée; mais les soins généreux de la fille bienfaisante parviennent à sauver les autres. Le premier magistrat du département, instruit d'un dévouement si digne d'admiration, se transporte sur les lieux, où sa sollicitude lui fait découvrir que la même personne, quoique peu fortunée, consacre depuis longtemps ses veilles et ses modiques économies au soulagement de la pauvreté souffrante.

Tant de vertu devait être récompensée. M. le préfet obtint pour Célestine Détrimont une médaille d'or, décernée par le ministre de l'intérieur, pour sa conduite pleine de dévouement en faveur de ses malheureux compatriotes de Monchy-sur-Eu, village où elle habitait, dans l'arrondissement de Dieppe. Dans sa séance du 25 août 1826, l'Académie française lui décerna un des prix de vertu fondés par le généreux Monthyon.

MARIE MATTHIEU.

Marie Matthieu est le nom d'une pauvre domestique; mais, dans l'infériorité de sa condition, cette bonne fille n'en a pas moins mérité les honneurs d'un éloge académique en 1831.

Entrée dans sa jeunesse au service d'un aubergiste de Lyon, elle voit ses maîtres tomber dans le malheur sans qu'il y ait de leur faute; elle ne les quitte pas pour cela; au contraire, elle sacrifie tout ce qu'elle possède pour les soutenir. La femme tombe malade; elle était parvenue au dernier degré d'une pulmonie contagieuse pour ceux qui respiraient seulement dans son atmosphère. Dire que Marie, enfermée dans la chambre pestilentielle, veillait alors sans cesse auprès de sa maîtresse et lui prodiguait ses jours, ses nuits, sa santé, ce serait la louer de choses que l'affection sait rendre, grâce à Dieu, communes et faciles; mais son excellent cœur, son ardente, son ingénieuse charité ne se contentaient pas de si peu, et, pour réchauffer sa maîtresse, que la chaleur commençait à abandonner, surtout la nuit, elle couchait avec elle. Le médecin qui soigne la malade représente à Marie le danger auquel elle s'expose, et il cherche à la dissuader de faire ainsi le sacrifice de sa santé, peut-être de son existence, puisqu'un si généreux sacrifice ne peut du reste que prolonger de peu de temps le terme de la vie de la malade.

— J'ai pris mon parti, dit-elle, j'aime mieux mourir que de négliger un seul moyen d'être utile à ma pauvre maîtresse.

Une demi-heure avant la mort de la malade, la bonne Marie était encore couchée à ses côtés...

Il faut convenir que le prix de vertu décerné par l'Académie française à la bonne Marie était bien mérité par l'héroïque dévouement de cette excellente fille.

CAROLINE BERTEAU.

Lorsque le *choléra* est venu fondre sur la France, et que ce fléau a fait de si terribles ravages dans la capitale, combien de jeunes filles n'a-t-on pas vues se dévouer à secourir les malheureux en proie à cette cruelle contagion! Écoutez cette éloquente description :

« Les médecins demandent à leur art de nouveaux secrets; pour eux le jour n'a plus de repos, la nuit plus de sommeil; chaque heure, chaque moment, chaque minute sont consacrés au devoir, à la fatigue, aux dangers. Ils parlent, et sur tous les points de la capitale des ambulances s'établissent; des divers postes où s'est distribuée cette milice savante et courageuse, elle vole au premier appel de la souffrance. Des pharmacies portatives la suivent au lit des malades. Bientôt les tentatives deviennent des succès; le fléau recule; des victimes, étonnées de lui échapper, se lèvent de leur couche de douleur pour bénir les sauveurs intrépides qui ont fermé la tombe devant elles, et la reconnaissance publique, toujours noble dans ses témoignages, dicte ces mots au génie de l'histoire : *La France est fière des médecins français.*

« Mais le nombre des malades se multiplie. Comment suffire à tout? Voici venir des auxiliaires, et quels sont-ils? Les enfants des plus opulentes familles de Paris désertent les hôtels paternels, ces hôtels où rayonnent toutes les splendeurs du luxe, où sont rassemblées toutes les jouissances de la mollesse; les greniers et les hôpitaux deviennent leurs demeures. Infirmiers volontaires, semant l'or, prodiguant les soins, ils sont en permanence au pied des grabats infectés ; leur zèle supplée à l'expérience, leur charité triomphe du dégoût, leur persévérance désarme le trépas.

« Les femmes, que j'aurais dû nommer les premières, car elles se présentent toujours les premières au rendez-vous de la douleur, les femmes si compatissantes, parce qu'elles sont faibles ; si instruites au dévouement, parce qu'elles furent destinées à devenir mères ; les femmes viennent aussi réclamer leur part sublime dans les services et dans les dangers.

« Enfin, les ministres de cette religion qui ne manque à aucune de nos misères arrivent avec leurs trésors de prières et de bénédictions, avec leur cortége de consolations et d'espérances ; derniers protecteurs, ils reçoivent dans leurs bras l'homme pour qui la terre ne peut plus rien, et vont saintement le déposer aux portes du ciel. Dans quel siècle vit-on jamais rassemblés tant de généreux exemples ? Quand l'héroïsme de l'humanité offrit-il jamais un concours si attendrissant, une si admirable rivalité ? »

Il y aurait trop à citer, si l'on voulait publier tous les beaux exemples de dévouement donnés par de jeunes personnes. Les exécuteurs testamentaires de la belle fondation du généreux Monthyon se sont plu à citer à la vénération publique l'une des personnes les plus méritantes, Caroline Berteau, habitant la ville d'Elbeuf, département de la Seine-Inférieure.

A l'apparition du choléra, elle improvisa une infirmerie spéciale où cent cinquante cholériques furent successivement admis, et d'où cent neuf sortirent guéris. Trois infirmières succombèrent; personne ne se présenta pour les remplacer. Caroline, restée presque seule, ne perdit point courage, elle se multiplia et ne quitta le lit du malade que pour courir à un autre. Elle doubla les jours, car pour elle il n'y avait plus de nuits, plus de sommeil; elle oublia quelquefois de prendre la nourriture nécessaire au soutien d'une vie si précieuse; mais la charité la fit vivre, et son courage désarma le trépas.

« La vertu remarquable, éclatante, a dit un ancien philosophe, est celle qui supporte des peines et des travaux, ou qui s'expose à des dangers pour être utile aux autres, et sans attendre ni vouloir aucune récompense. » C'est uniquement guidée par le noble sentiment de l'humanité qu'agissait Caroline Berteau, car chaque jour de son existence fut signalé par un bienfait; elle fut toujours pour le malheureux une seconde providence.

Dieu a voulu que son noble désintéressement trouvât pourtant un dédommagement, une récompense : le premier prix de vertu lui a été décerné par l'Académie française, en 1833. Ce prix n'est point un hommage stérile : par la libéralité de M. de Monthyon, 6,000 fr. y sont attachés.

CHAPITRE XI.

Jeunes filles qui se sont distinguées par des Vertus sociales.

LILIA FUNDANA.

Pline le Jeune a exquissé pour la postérité la vie de Lilia Fundana, fille d'un consul romain dont il était le contemporain et l'ami. Ce consul était un homme de grand mérite ; on en peut juger par ces mots tracés de sa main, au sujet de sa fille chérie qu'il savait devoir prétendre à beaucoup de richesses, puisqu'il possédait de grands biens :

« Le premier bien que j'ai à cœur de transmettre à ma petite Lilia, c'est une instruction solide, c'est un esprit sain et dégagé de préjugés, c'est la connaissance des devoirs de la société, c'est une conduite conséquente et raisonnée, c'est beaucoup de talents, et plus de modestie encore. »

Lilia acquit de l'instruction, car dans l'âge où beaucoup d'enfants ne songent qu'à jouer, elle servait déjà de secrétaire à son père, qui lui dictait sa correspondance comme il eût pu faire avec un homme intelligent. Elle n'avait point de préjugés; car elle avait appris à travailler comme une simple ouvrière; à onze ans, elle savait coudre, broder, et n'était nullement en peine pour la coupe du linge et des vêtements; elle raisonnait très-bien et était très-conséquente dans sa conduite, comme vous allez en juger.

Un jour, son père, voulant la récompenser de son assiduité à l'étude, au travail, lui donna une bague enrichie d'un beau diamant. Lilia lui fit mille tendres remercîments, et ne pouvait d'abord se lasser d'admirer ce joli cadeau. Néanmoins, après l'avoir bien considéré, elle demanda ce que coûtait le diamant. Apprenant que le prix en était considérable :

— O Dieu ! s'écria-t-elle, si cher ! Tu te souviens bien, papa, que tu m'as dis souvent que la vraie parure de notre sexe est le talent, la sagesse et la simplicité. Te l'avouerais-je ? tiens, je ne saurais porter à mon doigt un bijou que je pourrais perdre en un instant, et qui suffirait seul pour nourrir une honnête famille pendant plusieurs années.

Vous concevez que la réputation d'une fille si intéressante dut se répandre dans Rome et aux environs. Les pères et mères s'empressaient de la montrer à leurs enfants, en leur recommandant d'imiter sa sagesse et ses vertus.

Vers sa douzième année, Lilia fut si sensible à la mort de sa mère, qu'elle ne tarda pas à la suivre au tombeau. « Pendant sa maladie, dit Pline, on ne saurait imaginer la retenue, la patience et la fermeté de cette aimable et sage enfant. Docile aux médecins, singulièrement attentive à consoler son père et ses sœurs, après que toutes ses forces l'eurent abandonnée, elle se soutenait encore par le seul courage de sa belle âme. Ce courage l'a accompagnée jusqu'à la dernière extrémité, sans que ni la violence du mal ni la crainte de la mort soient parvenues à l'abattre. »

Quand elle pressentit sa fin prochaine, elle demanda une grâce à son père.

— Je voudrais me faire peindre et te donner mon portrait, lui dit-elle ; de cette façon, cher papa, tu ne me perdras pas tout entière.

Un des plus habiles peintres de Rome fut mandé aussitôt, et Lilia surmonta sa faiblesse et ses souffrances pour se prêter à ce travail et ne point présenter l'expression de physionomie d'une malade. L'artiste, animé sans doute par le sentiment, comprit quelle était sa mission, et la remplit à la satisfaction de toute la famille.

— Cher papa, dit la tendre fille, la mort au moins ne pourra te ravir cette image fidèle de ton amie. Ah ! c'est moi-même ! Tu placeras ce portrait à côté de celui de maman.

Cette intéressante fille touchait à l'heure fatale. Peu de temps après, elle dit un dernier adieu à son père, et ses yeux se fermèrent pour jamais.

Pline le Jeune, en annonçant cette mort à un de ses amis, lui dit qu'il est accablé de tristesse, et il ajoute ces paroles, qui sont un bien bel éloge : « Je n'ai jamais vu une personne si jolie, plus aimable, plus digne non seulement de vivre longtemps, mais de vivre toujours. Quoiqu'elle ne fût encore que dans sa treizième année, déjà elle montrait toute la prudence de l'âge avancé. On remarquait déjà dans son extérieur toute la noblesse et la décence d'une femme bien née, et tout cela cependant ne lui ôtait rien de cette innocente pudeur, de ces grâces naïves qui plaisent tant dans l'enfance. »

HARMONIA.

Valère-Maxime nous a conservé un trait d'histoire bien digne, en effet, d'être cité de génération en génération.

Dans une sédition survenue en Sicile vers l'an 480 avant Jésus-Christ, toute la famille du roi Gélon fut exterminée ; on massacra jusqu'aux enfants : action aussi injuste qu'inhumaine. Harmonia, fille de Gélon, avait échappé à la rage des meurtriers, parce que sa nourrice, ayant une fille du même âge, s'était empressée de la revêtir des riches habits de cette princesse, et on entraînait cette enfant, qui avait la générosité de ne point se faire connaître. Mais Harmonia, apprenant à quel prix elle conservait l'existence, ne voulut point qu'une autre pérît pour elle. Enflammée du sentiment le plus admirable, elle courut offrir sa vie aux séditieux, afin qu'ils délivrassent celle qu'ils avaient emmenée. Ces êtres féroces l'immolèrent auprès de la généreuse fille qu'ils avaient déjà mise à mort.

Dans ce fait historique, on ne sait en vérité à qui l'on doit le plus d'éloges; car le dévouement de la fille de la nourrice est sublime, et la conduite d'Harmonia n'est pas moins une action des plus magnanimes.

ADÉLAÏDE DE WITSBURY.

Passant aux temps modernes, nous parlerons d'Adélaïde de Witsbury, née en Angleterre, et transportée en Espagne, à l'âge de quatre ans, par ses parents qui allaient s'établir dans ce pays.

A la vue du port de Cadix, leur vaisseau fit naufrage; le comte de Witsbury y perdit la vie. Adélaïde et sa mère n'échappèrent à ce cruel évènement que parce que le comte les avait forcées de se jeter dans une chaloupe qui les conduisit à terre. Consumée de chagrin de la perte de son époux, l'infortunée comtesse ne lui survécut pas longtemps, et la petite Adélaïde se trouva orpheline dès sa plus tendre enfance. Sa mère avait heureusement sauvé du naufrage une partie de sa fortune, et, avant de mourir, elle recommanda sa fille à une amie qui l'éleva dignement. Lorsqu'elle eut atteint sa septième année, sa tutrice la plaça au monastère de Sainte-Eugénie, à Valladolid.

Cette enfant se distingua par tant de vertus, sa conduite fut si parfaite jusqu'à l'âge de dix-huit ans, où une mort prématurée la fit descendre au tombeau, que sa vie fut offerte comme un modèle à la jeunesse.

ÉLISABETH-LAURENCE FRECHTEIN.

Parlons d'une jeune allemande. Elisabeth-Laurence Frechtein, à l'âge de quatorze ans, est devenue le soutien et le sauveur de sa mère et d'un jeune frère. Cette famille ayant perdu le chef qui la faisait vivre par ses appointements de capitaine de cavalerie, Elisabeth ne dédaigna point de travailler pour des maisons opulentes; mais son gain était si faible, qu'elle se trouva réduite à vendre successivement les choses les plus essentielles de leur ménage.

On conservait avec respect l'uniforme qu'avait porté l'officier, lorsque enfin le besoin obligea de chercher à en tirer une petite ressource momentanée. Elisabeth était bien chagrine d'aller porter cet habit à un fripier. Chemin faisant, elle est accostée par un homme de bonne mine qui remarquait un parement de l'habit sortant d'un coin de la serviette qui l'enveloppait. Apprenant l'intention qu'a la jeune fille de vendre cet habit, il le lui achète un bon prix, en s'informant de sa demeure, et lui promettant son appui auprès du ministre pour faire liquider promptement la pension à laquelle la veuve du capitaine pouvait prétendre. Cet homme généreux était l'empereur Joseph II lui-même. Ce monarque appela la mère et la fille au palais impérial et leur remit le brevet d'une pension égale aux appointements du capitaine défunt.

— Pardonnez-moi, leur dit-il, le retard qui a causé votre embarras, il était involontaire.

Et dès ce moment le souverain fit publier qu'un jour de chaque semaine il donnerait audience à quiconque aurait des requêtes à lui présenter.

ÉLÉONORE LEGUET.

En 1720, le jour de Pâques, Philippe, duc d'Orléans, assistait à la messe à l'église Saint-Eustache. On avait choisi pour quêteuse une jeune personne de quatorze ans, nommée Eléonore Leguet, dont la piété et la modestie égalaient le mérite de l'esprit et d'une belle éducation.

Lorsqu'elle vint à cette place réservée dans nos églises à ceux qui administrent les revenus de la paroisse, elle y trouva le prince et lui tendit sa bourse comme à tous les assistants, en disant : *Pour les pauvres, s'il vous plaît.*

Le duc d'Orléans, admirant la beauté de la jeune personne, tira un double louis et dit en souriant :

— Voilà pour vos beaux yeux.

— Et pour les pauvres, Monseigneur, reprit sur-le-champ Eléonore Leguet, en tendant de nouveau sa bourse.

Frappé de l'à-propos qui lui faisait sentir adroitement quel devait être le but et l'objet des offrandes dans un lieu consacré à la piété, le prince prit un second double louis et le mit dans la bourse de la jeune quêteuse, en disant cette fois : — *Pour les pauvres.*

De retour à son palais, le duc d'Orléans raconta son aventure, et, donnant de justes éloges à la présence d'esprit de la jeune personne :

— Je viens de recevoir une bonne leçon, dit-il, d'une belle petite quêteuse qui a trouvé le moyen de me faire doubler en même temps que sanctifier mes aumônes.

SYLVINE DAUBENCOURT.

Les personnes qui s'intéressent à la jeunesse se sont plu à retracer les vertus et la fin prématurée de Sylvine-Juliette Daubencourt, née à Pierrefort en Auvergne, en 1720. Elle était fille d'un capitaine de vaisseau qui ne négligea rien de ce qui pouvait contribuer à former son cœur et son esprit, et reporta sur ce premier fruit d'une tendre union tous les sentiments honorables dont il avait été pénétré d'abord pour une épouse qui, n'ayant point sú se conduire en femme vertueuse, s'était séparée de lui.

Sylvine mit tellement à profit, dès les premiers jours, le soin que son père fit prendre de son éducation, que, dès l'âge de onze ans, elle maniait aussi bien la plume que l'aiguille, dictait avec esprit une lettre, possédait à merveille l'histoire ancienne et moderne, s'entendait parfaitement à diriger la maison de son père et remplissait, à l'égard de deux frères plus jeunes qu'elle, tous les devoirs d'une mère de famille. L'éclat de tant de qualités était encore rehaussé par un grand fonds de modestie. Elle paraissait ignorer qu'elle sût tant de choses, ou, quand elle se voyait dans le cas de mettre son savoir en évidence, elle le faisait avec une telle retenue, une telle douceur, qu'elle semblait en quelque sorte demander grâce de sa supériorité et de ses avantages sur les autres personnes de son sexe.

Un jour d'été que Sylvine avait conduit ses deux

petits frères à la promenade, dans la campagne, il survint un violent orage, et, pour regagner la maison paternelle, cette bonne sœur, les portant dans ses bras, fut obligée de traverser un ravin gonflé par les eaux de la pluie. Une fluxion de poitrine se déclara à la suite de cette journée et fit descendre au tombeau cette intéressante personne qui n'avait pas encore atteint sa quinzième année. Dans le délire de la fièvre qui s'était emparée d'elle, elle s'écriait :

— Papa, j'ai sauvé mes frères... Ne sois pas en peine, je me porte bien aussi.

Le jour des funérailles, M. Daubencourt dit à ses fils :

— Mes amis, en perdant votre sœur, vous avez perdu encore une mère, et moi j'ai perdu l'ornement et la consolation de ma vieillesse. Sans vous, chers enfants, l'existence me deviendrait tout à fait insupportable, et je mourrais de douleur.

Toute la ville voulut assister aux obsèques de Sylvine et jeter des fleurs sur sa tombe ; son éloge était dans toutes les bouches, et les pères et mères la citaient à leurs filles comme un modèle du jeune âge.

7.

MADEMOISELLE LECAMUS.

Le 14 avril 1782, la demoiselle Lecamus faisait sa première communion. La veille, lorsqu'elle demanda la bénédiction à son père, elle lui présenta aussi une requête assez extraordinaire.

— Je serais au comble de la joie, lui dit-elle, si vous vouliez bien m'accorder une rente de 300 fr. par anticipation sur la dot qu'il est dans votre intention de me donner à l'époque de mon mariage.

— Ma chère enfant, lui répondit-il, je ne t'ai jamais rien refusé, parce que tu n'as jamais eu que des désirs raisonnables. Te manque-t-il quelque chose? Je te donnerai l'argent nécessaire pour acheter ce qui peut te faire plaisir.

— Non, mon cher papa, je ne manque de rien; mais j'ai l'extrême désir de posséder la petite rente que je sollicite.

Comme le père était bien persuadé que sa fille ne pouvait faire un mauvais emploi de ce qu'elle lui demandait, il n'hésita point à la satisfaire; le notaire fut aussitôt mandé et l'acte dressé. Vous devinez bien qu'il s'agissait de favoriser quelque malheureux. Effectivement, cette rente n'était demandée que pour en faire jouir une pauvre femme du pays, qui venait de perdre son mari, journalier, homme laborieux et de bonne conduite, et qui laissait sa veuve chargée de huit enfants en bas âge.

Le jour de la première communion, en sortant de l'église, la bonne petite fille présenta sa protégée à son père, et annonça à celle-ci qu'elle lui abandonnait les 300 livres de rente qu'elle venait d'obtenir. Vous concevez l'émotion que la pauvre femme éprouva dans une telle circonstance. M. Lecamus, transporté de surprise et d'admiration, embrassa son enfant avec tendresse, confirma la donation et s'empressa de donner une année d'avance.

LUCIE DARLAISE.

Lucie Darlaise citée dans l'*Almanach des femmes célèbres* publié en 1790, parce qu'à cette époque où un grand nombre de personnes imitèrent la noble action de la reine Marie-Antoinette qui envoya sa vaisselle d'argent à l'hôtel des Monnaies pour subvenir à l'acquittement de la dette publique, la jeune Lucie, alors âgée de neuf ans, demeurant à Boutancourt, voulut coopérer à cet acte de patriotisme, et envoya à l'assemblée nationale un double louis, son dé d'or, sa chaîne et d'autres petits objets dont elle pouvait disposer et dont elle fit le sacrifice, se trouvant heureuse de pouvoir suivre l'exemple donné par sa souveraine.

JEUNES OTAGES DE MARIE-ANTOINETTE.

Lorsque cette illustre et infortunée reine de France se trouva privée de sa liberté en juin 1791, un grand nombre de dames et de jeunes demoiselles s'offrirent en otages. Ce fut le chevalier d'Antibes qui se chargea de l'honorable mission de remettre la pétition et la liste des otages au président de l'assemblée législative. Mme d'Antibes et leur fille Marie-Alexandrine-Angélique se trouvaient en tête.

Quatre jeunes personnes de qualité, Mlles Hélène, Françoise, Eugénie et Suzanne de Cardaillac, écrivirent en ces termes à Mme la comtesse de Fars-Fausse-Lendry : « Nous étions à nous désoler de ne pouvoir former que des vœux pour nos augustes et bien-aimés souverains, pour lesquels nous regrettions de ne pouvoir offrir notre sang de même que nos cœurs. Nous respirons, puisque nous voyons qu'il est permis à notre sexe de se dévouer. Nous vous prions, chère cousine, de nous faire inscrire sur la liste. Dieu nous fasse la grâce d'être acceptées, et que notre dévouement ne soit pas inutile. »

Dans la *Petite Histoire contemporaine*, on trouve les noms suivants :

Elisabeth Beaufort-de-Jay, avec sa mère, née Béatrix de Paty. — Alexandrine-Thérèse Berthelin, avec sa mère, née Campenon. — Comtesse de la Boulaye. — Bourbonne, née Colombe Legris. — Veuve Élie de Combray, née Brunelle. — Calmette de Rotalier, avec sa fille Pauline, aujourd'hui marquise de Vienné. — Guyot, de Troyes. — Cantwell de Mokarki, née Labassée. — De Treignac, née Champuislon. — Julie Chaulieu de Claire. — Dumoulin des Contanceries. — Marquise d'Hanache.— Hugonet, née Sainte-Marie. — Malescot de Kérangoué. — Comtesses de la Roche-Poncié (cinq sœurs). — Ligier de la Prade, née Ussel. — Malherbe-Longvillers. — Margueray, mère et fille. — Comtesse de Neuilly et sa fille Clémentine. — Regnaud, née Girard. — Mme de Montalembert. — De Sarobert. — Comtesse de Serignac. — Geneviève Ogier. — Trolong du Rumain, avec sa bru, née de Kermel. — Aglaé de Versigny.

Enfin, trente jeunes pensionnaires du couvent de la Visitation, à Grenoble, sollicitèrent l'honneur d'être comprises au nombre des otages ; la jeune Aimée de Corbeau, l'une d'elles, souscrivit cet acte de dévouement au nom de ses intéressantes compagnes.

LOUISE SCHEPPLER.

Dans la partie la plus âpre de la chaîne des Vosges, un vallon presque séparé du monde nourrissait chétivement, il y a soixante ans, une population restée à demi sauvage ; quatre-vingts familles, réparties dans cinq villages, en composaient la totalité. Leur misère et leur ignorance étaient également profondes. Un vieux pasteur, Jean-Frédéric Oberlin, entreprit de les civiliser, et il y parvint.

Une jeune paysanne de l'un de ces villages, Louise Scheppler, à peine âgée de quinze ans, fut si vivement frappée des vertus de cet homme de Dieu, que, bien qu'elle jouît d'un petit patrimoine, elle lui demanda d'entrer à son service et de prendre part aux œuvres de sa charité. Dès lors, sans jamais accepter de salaire, elle ne le quitta plus. Devenue son aide, son messager, l'ange de toutes ces cabanes, elle y porta sans cesse tous les genres de consolations. Dans aucune circonstance on n'a mieux vu à quel point le sentiment peut exalter l'intelligence.

Cette simple villageoise avait compris son maître et tout ce que ses pensées avaient de plus élevé; souvent même elle l'étonnait par des idées heureuses auxquelles il n'avait point songé, et qu'il s'empressait de faire entrer dans l'ensemble de ses opérations. C'est ainsi que, remarquant la difficulté que les cultivateurs éprouvaient à se livrer à la fois à leurs travaux champêtres et au soin de veiller sur leurs petits enfants, elle imagina de rassembler ces enfants dès le bas âge dans des salles spacieuses, où, pendant que les parents vaquaient à leur ouvrage, des conductrices intelligentes les gardaient, les amusaient et commençaient à leur montrer les lettres et à les exercer à de petits travaux. C'est de là qu'est venue en Angleterre et en France l'institution de ces salles d'asile où l'on reçoit et où l'on garde les enfants des ouvriers si souvent abandonnés dans les villes aux vices et aux accidents. L'honneur d'une idée qui a déjà tant fructifié, et qui bientôt sera adoptée partout, est entièrement dû à Louise Scheppler, à cette pauvre paysanne du Banc-de-la-Roche. Elle y a consacré le peu qu'elle possédait, et de plus sa jeunesse et sa santé.

Lorsque M. Oberlin mourut, par testament il légua Louise à ses enfants. Écoutez quelques lignes de cet acte de dernière volonté ; ces simples paroles d'un maître mourant seront plus éloquentes que tout ce que nous pourrions y ajouter :

« Mes chers enfants, dit-il, je vous lègue ma fidèle servante, celle qui vous a élevés, l'infatigable Louise ; elle a été pour vous garde soigneuse, mère fidèle, institutrice, tout absolument ; son zèle s'est étendu plus loin : véritable apôtre du Seigneur, elle est allée dans tous les villages où je l'envoyais assembler les enfants autour d'elle, les instruire de la volonté de Dieu, leur apprendre à chanter de beaux cantiques, leur montrer les œuvres de ce Dieu paternel et tout-puissant dans la nature, prier avec eux et leur communiquer toutes les instructions qu'elle avait reçues de moi. Les difficultés innombrables qu'elle rencontrait dans ces saintes occupations en auraient découragé mille autres. Rien ne la retenait, elle a sacrifié son temps et sa personne au service de Dieu. »

Instruite du mérite de Louise Scheppler et des services éminents rendus à la société par cette excellente fille, l'Académie française lui a décerné un prix de 5,000 fr. dans la séance publique et solennelle de 1829. En proclamant cette décision, le président du savant aréopage dit : « Si l'âme élevée de M. de Monthyon prenait encore connaissance de ce qui se fait sur la terre, il nous semble qu'elle devrait en être particulièrement satisfaite. Nous avons eu le bonheur d'y concilier les deux idées qui l'occupèrent pendant toute sa vie, et auxquelles, en mourant, il a encore consacré sa fortune : faire du bien aux malheureux et exciter à leur en faire tous ceux qui, d'une manière ou d'autre, en ont la possibilité. »

LOUISE MALLARD.

Louise Mallard est connue à Pont-de-Veyle pour la protectrice et la bienfaitrice des infortunés ; elle va au-devant du malheur ; elle trouve le secret de pénétrer dans l'asile de ceux qu'un revers imprévu, une maladie, le défaut d'ouvrage a fait tomber dans le besoin ; elle leur procure des secours qu'elle ne pourrait tirer de ses propres ressources, car Louise est pauvre ; ce qui ne l'empêche pas de suivre l'exemple de sa mère, qui l'associa, dès son enfance, aux bonnes œuvres qu'elle pratiquait. Cet amour du prochain, le goût et l'habitude de la bienfaisance furent le seul héritage qu'elle recueillit de sa respectable mère. Mais lorsque Louise n'a point de quoi soulager les malheureux qui s'adressent à elle, elle ne dédaigne point d'aller demander pour eux ce qu'elle n'oserait point aller demander pour elle-même ; et on lui donne avec confiance, parce qu'on sait le bon emploi qu'elle fera des aumônes qu'on lui confie. L'active charité est une qualité qui semble innée dans cette famille.

A dix-huit ans, Louise est appelée pour procurer quelques secours à une mendiante qui venait d'accoucher dans une écurie. Beaucoup d'autres s'en seraient tenus à quelques soins donnés à cette pauvre malheureuse. Mais ce n'est pas assez pour la belle âme de notre jeune bienfaitrice; elle veut être la marraine du nouveau-né, dans l'intention de sauver cet enfant de la honte et des peines de la mendicité à laquelle il semblait destiné; elle le fait élever, le place ensuite chez d'honnêtes gens, et elle est parvenue à en faire un artisan estimable, un bon époux et un bon père de famille. Je veux m'en tenir à ce trait de son adolescence, car j'en aurais trop à citer si je la suivais dans le cours de son existence. En 1830, l'Académie lui a décerné une médaille d'or du prix de 600 fr.

MARIE PRIOUR.

En 1787 vint au monde, dans la ville de Nantes, Marie Priour, dont le père et la mère étaient pauvres et chargés d'enfants. Mme de Tiercelin, veuve d'un capitaine de vaisseau, leur offrit de les soulager en prenant chez elle la petite Marie; celle-ci dut à cette dame l'existence de ses premières années et ce qu'elle reçut d'éducation. La reconnaissance est une vertu des bons cœurs, et nous allons voir que Marie n'en a pas manqué.

Les troubles de la révolution, qui se firent sentir si violemment dans la Bretagne, chassèrent de Nantes Mme de Tiercelin, et bientôt diminuèrent considérablement sa fortune. Elle dit à Marie :

— Mon enfant, je vais te placer ailleurs ; car je peux être persécutée, jetée en prison ; on t'y jetterait peut-être avec moi malgré ton jeune âge. Quoiqu'il m'en coûte de me séparer de toi, il le faut dans ton intérêt ; je suis ruinée... Je veux donc te placer chez des gens moins malheureux que moi, et qui pourront te procurer un jour à venir un sort avantageux, que je ne suis plus à même de t'offrir.

A ce discours, la petite Marie, fondant en larmes, supplia sa bienfaitrice de la garder près d'elle.

— Si vous avez à souffrir, lui dit-elle, Marie veut souffrir avec vous ; je ne suis pas grandement à charge, je tâcherai de vous être utile, et j'aimerais mieux être pauvre avec vous que bien riche avec tout autre.

Vaincue par des marques d'un si bon cœur,

Mme de Tiercelin emmena avec elle la bonne fille qui lui témoignait ce tendre attachement.

En 1801, Mme de Tiercelin mourut à Versailles, où elle était venue se réfugier. Elle avait une demoiselle qui partageait ses nobles sentiments. Celle-ci, ne pouvant donner de gages à Marie, la conjura également de songer à son avenir; elle lui offrit de la faire entrer chez des amis riches, qui, connaissant ses rares qualités, la rendraient heureuse et lui assureraient un sort. A cette époque, Marie avait quatorze ans; elle était donc capable de servir sa jeune maîtresse, sur laquelle elle avait reporté tout son attachement, toutes ses affections; elle la conjura à son tour de la garder, lui annonçant la ferme résolution de lui consacrer sa vie entière, et refusa constamment les avantages qui lui furent proposés.

Quelques années après, un oncle de Marie, curé dans la Vendée, lui fit les plus vives instances pour l'engager à venir auprès de lui; il promit de lui laisser ce dont il pourrait disposer. Marie le pria de l'excuser, en lui représentant que sa maîtresse était d'une mauvaise santé et qu'elle n'aurait plus personne pour la soigner. Le vénérable pasteur applaudit lui-même à de si louables motifs ; il n'insista plus.

La position de Mlle de Tiercelin devint plus pénible, car elle perdit par de fâcheux évènements la fortune qui lui restait à Nantes ; il lui fallut recourir à un travail auquel elle n'était point habituée et qui procure de faibles ressources : elle se mit à broder. Marie doubla le bénéfice, en aidant sa maîtresse dans ce travail ; elle s'y livra la nuit, après avoir, pendant le jour, employé son temps aux soins du ménage. En 1814, elle perdit le respectable curé son oncle, qui lui laissa un petit héritage ; elle alla le recueillir, et revint le consacrer aux besoins pressants de sa maîtresse, qui manquait de linge et des choses les plus indispensables.

La santé de la pauvre Marie s'affaiblit par le travail de l'aiguille et par une vie trop sédentaire ; ce genre d'occupation lui fut interdit ; alors elle chercha des ménages à faire en ville, et ce qu'elle y gagna elle l'apporta à la maison, qu'elle continua de soigner.

Par suite de ses fatigues et de plusieurs maladies qu'elle essuya, elle devint sourde ; mais elle ne perdit pas courage, et fit toujours ce qu'elle put pour sa maîtresse.

Marie fut récompensée d'une conduite aussi belle. Elle reçut une médaille d'or du prix de 600 fr. ; elle fut remise solennellement, comme prix de vertu, à cette fille si aimante et si désintéressée.

CHAPITRE XII.

Jeunes Chrétiennes qui ont souffert le martyre.

EULALIE.

Eulalie était d'une illustre famille de Lérida, en Catalogne. Un maintien décent, une modestie angélique la firent distinguer des autres enfants au sortir du berceau. L'Espagne est subjuguée par les Maures, et les vainqueurs persécutent les chrétiens.

Loin de dissimuler la foi qu'elle professe, Eulalie blâme hautement la tyrannie des persécuteurs. Sa mère, pleine de tendresse pour cette fille bien-aimée, la conduit à la campagne, et, par cette retraite prudente, veut la soustraire au péril où son courage allait l'exposer. Mais il eût fallu qu'Eulalie n'entendît point parler de ce qui se passait contre ses coréligionnaires, tandis qu'elle sait qu'on les tourmente de toutes parts. Animée d'une sainte ardeur, elle se dérobe à la vigilance de sa mère, se rend à Lérida, court au palais, passe à travers la garde, se présente sans pâlir au tribunal, et, s'adressant à celui qui préside :

— De grâce, seigneur, lui dit-elle, pourquoi persécutez-vous des innocents, et voulez-vous forcer les fidèles à se prosterner devant les faux dieux ? Vous cherchez des chrétiens, je vous déclare que je suis chrétienne et ennemie de toutes vos idoles.

Un tel discours dans la bouche d'une enfant excite la surprise et la fureur du païen ; il emploie tour à tour les promesses et les menaces pour engager Eulalie à renoncer au christianisme. Mais cette jeune fille, cédant tout à coup à l'impression divine qui électrise son âme, renverse les idoles qu'on veut lui faire adorer. Le juge, en fureur, la fait saisir par les bourreaux et la condamne à périr à l'instant au milieu des flammes. Eulalie, sans proférer une seule plainte, exhala son dernier soupir en élevant ses regards vers le ciel.

ALODIE ET NUMILLON.

Dans ces mêmes contrées espagnoles, sous le règne d'Abdérame, roi des Maures, une chrétienne s'étant mariée avec un mahométan, il était né de cette union deux filles, nommées Alodie et Numillon, qui furent élevées dans la religion de leur mère, parce que c'est un usage assez généralement consacré que dans ces sortes de mariages, les garçons suivent la religion du père et les filles celle de la mère. Mais le mahométan voulant contraindre ses deux enfants à renoncer au christianisme, elles s'enfuirent de la maison paternelle. N'écoutant que son ressentiment, il les dénonça comme chrétiennes, au juge qui se les fit amener et n'oublia rien pour les faire changer de religion. Les voyant inébranlables, il les condamna à avoir la tête tranchée, et l'arrêt fut exécuté le 22 octobre de l'an 851. Alodie n'était encore que dans sa quinzième année.

THÉODOSIE.

Sainte Théodosie, qui vivait au commencement du neuvième siècle, se trouvait à Césarée en Palestine, le jour de Pâques. Voyant des chrétiens que l'on conduisait en prison, elle s'approcha d'eux pour leur adresser quelques paroles de consolation, et se recommander à leurs prières quand ils seraient devant Dieu. Aussitôt prise par les soldats, elle fut présentée au gouverneur, qui essaya vainement par des tortures de lui faire renier sa religion; c'est pourquoi il ordonna qu'elle fut précipitée dans la mer. Cette jeune chrétienne était âgée de dix-sept ans.

SAINTE MAURE.

A l'âge de quinze ans, sainte Maure, née en Thébaïde, venait d'accorder son cœur et sa main au vertueux Timothée, lorsqu'ils furent tous deux cités devant le sanguinaire Arien, gouverneur de la province, comme professant la religion chrétienne. Cet homme crut d'abord triompher, parce qu'en effet la jeune épouse, intimidée, à l'aspect de la mort, demanda à son mari de conserver leur existence, en embrassant le culte des païens. Mais, encouragée par Timothée à souffrir la mort plutôt que de renier son Dieu, les plus cruels tourments ne purent ensuite ébranler le courage de cette jeune héroïne, qui mourut sur la croix auprès de son époux.

DENYSE.

La légende sacrée nous présente plusieurs chrétiennes du nom de Denyse qui ont souffert le martyre; entre autres une jeune fille de seize ans, de

Lampsaque, ville d'Asie, où furent martyrisés sous l'empereur Dèce saint Paul et saint André. Ces deux confesseurs de la foi de Jésus-Christ étaient en compagnie d'un troisième chrétien, nommé Nicomaque, à qui la douleur des tortures fit abandonner sa religion. Denyse se trouvant présente, s'écria :

—Ah ! malheureux ! fallait-il pour quelques moments de souffrances renier ton Dieu !

Le proconsul l'entendit, la fit approcher, et, ne pouvant la faire renoncer à sa foi, il la condamna à avoir la tête tranchée.

HÉRAÏS ET POTAMIENNE.

Une jeune écolière du célèbre Origène préféra la mort à l'idée de renoncer à sa religion. Cette sainte fille, nommée Héraïs, fut brûlée vive, à Alexandrie, par ordre de l'empereur Sévère.

Un des disciples d'Origène avait pour esclave la jeune Potamienne, qui était d'une rare beauté. Ne pouvant lui faire abandonner la sagesse, non plus que le christianisme qu'elle avait embrassé, cet homme cruel et vindicatif la livra au préfet Aquila, croyant que la crainte de la mort la ferait renoncer à sa religion et aux principes de vertu qu'elle enseigne. Mais cette jeune chrétienne fut inébranlable dans sa foi, malgré l'horreur du supplice auquel on la destina; car on la plongea dans une cuve d'huile bouillante.

AGATHONICE.

Sainte Agathonice donna aux persécuteurs des chrétiens l'exemple d'un attachement sublime à la foi de Jésus-Christ, en même temps que de la plus tendre amitié fraternelle; car, voyant son frère condamné à périr sur un bûcher, elle s'écria :

— Je suis chrétienne aussi !

Et elle se jeta dans le feu où brûlait ce frère chéri, nommé Papile.

LES MARTYRES DE TUBURBE.

Le 30 juillet l'Église honore la mémoire de trois

jeunes chrétiennes qui souffrirent le martyre à Tuburbe, en Afrique, sous le règne de Dioclétien : ce sont Donatilla, Maxime et Seconda. Cette dernière n'avait que douze ans. Le proconsul Anulin crut épouvanter cette enfant en faisant périr en sa présence ses deux compagnes ; mais leur courage exalta son âme, et elle ne voulut point conserver la vie en reniant le Dieu qu'elle avait jusqu'alors adoré.

BÉRÉNICE.

Sainte Bérénice était du même âge que Seconda lorsqu'elle se donna la mort en même temps que sa mère Domnine et sa sœur Prosdoce. La tendre mère, qui était une personne des plus distinguées de la ville d'Antioche, crut se soustraire à la persécution que Dioclétien faisait endurer à quiconque professait le christianisme, en fuyant avec ses filles en Mésopotamie ; mais on ne tarda pas à les découvrir, et l'ordre fut donné de les reconduire à Antioche. Chemin faisant, elles résolurent de mettre leur foi et leur honneur à l'abri des épreuves qu'on pouvait leur faire subir ; et, abandonnant la vie en l'honneur de Jésus-Christ, elles se précipitèrent toutes trois dans la rivière de Marsyas, à la vue de leurs gardiens stupéfaits de ce que ces prisonnières leur échappaient de la sorte.

CATHERINE D'ALEXANDRIE.

Sainte Catherine ne fut pas moins illustre par sa science que par sa piété, puisqu'on rapporte qu'à l'âge de dix-huit ans elle soutint dans Alexandrie une discussion au milieu d'une assemblée de philosophes païens qu'elle vainquit par la force de ses raisonnements, et les convertit à la foi chrétienne. L'empereur Maximin s'en vengea en la faisant martyriser.

Une autre sainte du même nom, et qui est née à Bologne, en Italie, s'est également distinguée par sa science, car nous avons d'elle plusieurs ouvrages, tant en latin qu'en italien, dans lesquels on remarque partout ce cœur pur et droit qui faisait la base de son caractère. Mais celle-ci n'est point morte martyre.

SAINTE FOY.

Enfin, je vous parlerai d'une enfant qui a vécu dans notre patrie vers la fin du troisième siècle, et qui a fait l'admiration de la ville d'Agen, lieu de sa naissance et de sa mort.

Ses parents, qui tenaient un rang distingué, la firent élever avec beaucoup de soin dans les principes de la religion chrétienne et dans les exercices de la piété. Elle mit si bien à profit cette heureuse éducation, que dès l'âge le plus tendre on la citait pour ses aimables qualités et son esprit de sagesse.

A cette époque, l'empereur Maxime-Hercule éleva une grande persécution contre les chrétiens. Dacien, gouverneur de l'Aquitaine pour les Romains, était un homme entièrement dévoué aux volontés de ce prince cruel; il donna aussitôt des ordres pour arrêter celle dont chacun proclamait tant les précoces vertus. Employant tour à tour promesses et menaces pour lui faire embrasser le culte des idoles, il espérait bien triompher d'une enfant. Se voyant trompé dans son attente, il la livra à un cruel supplice, en la faisant étendre sur un gril de fer exposé à un feu ardent. L'héroïque enfant subit cet horrible tourment avec une constance si admirable, qu'elle convertit plusieurs des païens qui assistaient à cette épreuve.

Le juge barbare, irrité de voir que sa sévérité ne servait qu'à augmenter le nombre des chrétiens, au lieu de le réduire, fit trancher la tête à celle qui leur donnait l'exemple de tant de courage, et il condamna au même supplice tous ceux qui avaient voulu embrasser la religion de la jeune martyre.

CHAPITRE XIII.

Jeunes Héroïnes guerrières qui se sont distinguées en combattant pour leur pays.

CLÉLIE ET GORGO

ou

L'AMOUR DE LA PATRIE.

Beaucoup de jeunes personnes ont donné de grands exemples de dévouement pour le pays qui les a vu naître ; je vous les ferai connaître. Mais avant d'entamer ce sujet intéressant, je veux vous citer deux traits puisés dans l'histoire ancienne; ils prouvent qu'il est des enfants favorisés de la nature, et chez lesquels les grands sentiments sont précoces.

L'histoire fait mention de Clélie, jeune Romaine qui se trouvait au nombre des otages envoyés à Porsenna, roi des Etrusques, lorsqu'il assiégeait Rome pour y rétablir sur le trône Tarquin le Superbe. Elle s'échappa du camp des Etrusques, passa le Tibre à la nage et rentra parmi ses concitoyens.

Porsenna la fit redemander par un parlementaire. La fugitive sentit elle-même que sa fuite pouvait devenir nuisible aux intérêts de Rome; car cela eût autorisé les autres otages à imiter sa conduite, ou les assiégeants à les tenir plus rigoureusement; elle consentit donc à retourner au camp.

Porsenna fut si touché du courage de cette jeune personne et de son noble dévouement, que non seulement il s'empressa de la rendre à la liberté, mais qu'il voulut, en outre, que tous les autres otages fussent délivrés en sa considération.

Les Romains, pour immortaliser la hardiesse de

Clélie, et l'amour dont elle avait fait preuve pour sa patrie, lui érigèrent une statue sur la place publique de Rome.

L'autre trait appartient à une enfant de huit ans; il décèle un raisonnement extraordinaire pour cet âge, en même temps qu'un amour bien senti pour les intérêts de son pays.

Aristagore de Milet pressait Cléomène, roi de Lacédémone, de porter ensemble la guerre dans le sein de l'Asie. Gorgo, fille du roi, se trouvant présente au commencement de l'entretien, Aristagore pria Cléomène de la faire retirer, afin de pouvoir s'expliquer plus librement.

— Ce n'est qu'une enfant, répondit le père, sa présence ne doit point vous gêner.

Aristagore offrit alors une somme considérable au roi de Lacédémone pour le rendre favorable à ses desseins, et, voyant qu'il ne gagnait rien sur son esprit, il la doubla et alla même jusqu'à la tripler. Gorgo, attentive à ses discours, se jeta alors aux pieds de Cléomène, en lui disant avec énergie :

— Fuyez, fuyez, mon père; cet étranger finirait par vous séduire!

Aristagore demeura stupéfait à une action aussi inattendue de la part d'une petite fille de huit ans.

JEANNE D'ARC.

Jeanne d'Arc est née au village de Domremy, département des Vosges, en 1411, de cultivateurs sans fortune, mais aimant Dieu, leur roi et leur patrie. Elevée en fille des champs, elle acquit une grande force de corps et ne redoutait point la fatigue. Après avoir passé ses premières années à mener les troupeaux de son père au pâturage, elle s'était exercée ensuite à monter ses chevaux avec dextérité, de sorte qu'elle eût défié à la course le plus habile cavalier.

Charles VII régnait alors sur la France; mais, hélas! cette belle France se trouvait envahie par les Anglais, qui occupaient sa capitale, et Henri V, alors roi d'Angleterre, avait poussé la hardiesse jusqu'à vouloir faire battre monnaie, comme souverain de notre royaume; de sorte qu'il rendit une ordonnance pour qu'il fût frappé des pièces d'or et d'argent portant l'inscription de *Henricus, Francorum rex* (Henri, roi des Français).

Le père de Jeanne d'Arc déplorait les calamités de sa patrie et la triste position du roi de France, que l'étranger surnommait le *petit roi de Bourges*, parce qu'il était retiré dans cette ville; c'était le sujet habituel des entretiens du bon paysan avec sa famille. Ces entretiens firent une vive impression sur l'esprit de Jeanne. Remplie de piété, cette jeune fille priait Dieu avec ferveur pour qu'il délivrât la France du joug des Anglais. Elle rapporte qu'un jour qu'elle invoquait ainsi le ciel au milieu des champs, elle entendit une voix qui lui dit qu'il fallait qu'elle, Jeanne, allât au secours du roi, qu'elle ferait lever le siége d'Orléans et qu'elle conduirait Charles VII à Reims pour y être sacré.

D'abord, la jeune villageoise crut que son imagination la trompait, et elle s'accusait d'orgueil devant Dieu d'oser s'abandonner à la pensée qu'une aussi simple créature qu'elle pût être de quelque utilité à son pays. Mais, ces choses surprenantes se renouvelant, elle ne douta plus que le Tout-Puissant ne voulût qu'elle devînt l'instrument de ses volontés suprêmes, et elle en fit confidence à ses parents. Il en résulta qu'après bien des démarches et des épreuves auxquelles on la soumit, elle fut présentée au roi, qui ne put se refuser à croire qu'elle fût réellement inspirée du ciel.

Le seigneur de Baudricourt, qui commandait à Vaucouleurs, près Domremy, ne se détermina à lui faire entreprendre le voyage tant sollicité que parce qu'elle lui dit un jour :

— Vous tardez trop à m'envoyer ; car aujourd'hui le gentil Dauphin a eu, assez près d'Orléans, un bien grand dommage ; et il en aura encore de plus grands, si vous ne m'envoyez bientôt vers lui.

Ce fait fut reconnu exact, et il était impossible que Jeanne en fut sitôt instruite autrement que par un moyen surnaturel. Charles VII n'eut toutefois confiance en Jeanne qu'après qu'elle lui eut dit des choses qui ne pouvaient être absolument connues que de lui. Le premier jour de sa réception, elle avait été droit au roi, bien qu'il se fût confondu à dessein parmi un grand nombre de seigneurs magnifiquement parés, et, lorsqu'il lui montra un des seigneurs comme étant le roi, elle lui répliqua sans se déconcerter :

— C'est vous, gentil prince, et non autre.

Lorsqu'il fut décidé qu'on lui confierait un commandement, elle demanda une épée que l'on trouverait dans le tombeau d'un chevalier inhumé dans l'église de Sainte-Catherine de Fierbois, et elle se fit faire un étendard semé de fleurs de lis, où Dieu était représenté sur un nuage, tenant en main le globe du monde; les noms de Jésus et de Marie y étaient inscrits en lettres d'or.

Munie de ces deux objets, Jeanne se rendit à Blois, où se réunissaient les troupes qui devaient marcher pour délivrer Orléans, et d'où elle partit à la tête de douze mille hommes. Montée sur un coursier superbe, qui semblait enorgueilli de la porter, la poitrine couverte d'une cuirasse qui semblait dessiner encore mieux l'élégance de sa taille élancée, coiffée d'un casque ombragé d'un magnifique panache blanc, balançant avec aisance sa longue épée du tombeau de Fierbois, et faisant flotter fièrement dans sa main gauche son étendard, que l'on croyait enchanté, cette jeune et vaillante amazone offrait ainsi l'image vivante de la Divinité des combats.

Le 29 avril 1429, Jeanne parut à la vue d'Orléans. Pour mieux retracer ses hauts faits, nous allons emprunter le récit éloquent de Mme Dupin, qui, dans *La France illustrée par ses femmes*, s'exprime en ces termes :

« Avec la bergère de Domremy s'avance un convoi destiné à ramener l'abondance dans la ville affamée. L'espérance ranime les assiégés, la terreur passe au cœur des assiégeants : Jeanne est dans la ville.

« C'était déjà beaucoup, mais ce n'était pas assez ; il fallait faire lever le siége, il fallait chasser les Anglais. Ils ont élevé des forts autour de la ville ; ils s'y tiennent vigoureusement retranchés. N'importe, leurs redoutes sont successivement enlevées ; il ne leur en reste plus qu'une, c'est le fort des Tournelles. Jeanne s'avance intrépidement pour monter à l'assaut... Une flèche vient la frapper au défaut de la cuirasse, entre le cou et l'épaule ; elle tombe presque sans connaissance, et son sang coule abondamment. On la porte à l'écart pour panser sa blessure ; des larmes s'échappent de ses yeux, elle tremble de ne pouvoir accomplir sa glorieuse mission. Effectivement, on est prêt à fuir ; la vue de son étendard, qu'un homme d'armes tient debout devant l'ennemi, arrête seul les assaillants. On lui parle à elle-même de se retirer... Tout à coup elle se ranime en regardant le ciel, et s'écrie :

« — C'est de la gloire, et non du sang qui coule de ma blessure.

« Puis, rajustant sa cuirasse comme si soudainement elle se trouvait guérie, elle s'élance vers le fort en criant de nouveau : *A l'assaut!* Les guerriers français se précipitent sur ses pas ; chacun se dispute la gloire de la suivre de plus près ; le combat recommence avec acharnement, il est terrible ; l'ennemi lâche pied, il fuit avec épouvante et en rugissant de colère. Jeanne est victorieuse.

« Le lendemain, avant que le soleil éclairât leur désastre, les Anglais s'éloignaient en silence et à pas précipités de cette ville qu'ils avaient assiégée sept mois et que trois jours avaient suffi pour délivrer.

« Jeanne se transporte à Loches pour annoncer à Charles VII qu'Orléans est conservé à son roi. Dès lors le sacre de Reims devient l'idée dominante de l'héroïne. En vain lui objecte-t-on que les Anglais sont maîtres des quatre-vingts lieues de pays qui séparent Loches de Reims, que Charles est sans troupes, sans vivres et sans argent, qu'il y aurait de la témérité à livrer au sort incertain des combats une cause que le temps peut rendre meilleure ; elle oppose à ces objections d'intérêt et de prévoyance son entraînante exaltation. Le roi cède, et les troupes se mettent en marche.

« Jargeau, défendu par le brave Suffolk, est assiégé par les Français. Le courage de Jeanne s'accroît avec les dangers. Elle a combattu tout le jour ; un côté de la citadelle résiste encore ; elle y vole aussitôt, applique une échelle contre la muraille, et, l'épée à la main, elle s'élance, franchit les échelons ; déjà elle touche au bord du rempart ; une pierre l'atteint et la renverse dans le fossé; les cris du désespoir se mêlent aux cris de triomphe. Elle les a entendus ; elle se relève, agite son étendard, affronte de nouveau les combats et la mort. Suffolk se rend et frémit de céder à une femme.

« La ville de Meung, dont Talbot encourageait la résistance, tombe avec son général au pouvoir des Français. Les plaines de Patay présentent une surface animée. Là sont rangés, dans un ordre formidable, ces Anglais tant de fois vainqueurs. Les chefs français hésitent, la grande âme de Dunois est ébranlée... Jeanne parle, et les Français comptent une victoire de plus. Dès lors plus de batailles ; les garnisons épouvantées abandonnent leurs postes, les villes s'empressent de faire leur soumission ou de fournir des vivres ; Charles s'avance vers Reims.

« Quelle joie! Il va être sacré. Jeanne, à quelque distance du monarque, et son étendard à la main, contemple cette cérémonie, son ouvrage, son triomphe. Elle pleure…

« Après le sacre, ce n'est plus la fière guerrière dont l'audace faisait pâlir les Anglais ; c'est une vierge timide, une fille tendre qu'effraie le souvenir de sa gloire. Elle a revu son père, son oncle, ses frères, accourus pour l'admirer; elle soupire après la vie innocente et solitaire des champs. C'est à genoux, c'est les yeux baignés de larmes qu'elle supplie son roi de la laisser retourner au hameau pour y reprendre ses modestes habitudes et pour soulager sa mère et ses sœurs dans leurs travaux rustiques. Le roi résiste à ses instances. Elle voit s'éloigner avec un serrement de cœur inexprimable cette famille qu'elle avait cru accompagner, et pendant que les habitants de Domremy, exempts d'impôts, proclament le nom de l'héroïne, elle pleure en secret sur son brillant esclavage : de vagues pressentiments lui font redouter l'avenir. »

Le roi vint faire le siége de Paris. Déjà l'on avait forcé les barrières de la porte Saint-Honoré, lorsque Jeanne d'Arc reçut à la cuisse une blessure qui la mit hors de combat; cet accident ralentit l'ardeur des troupes; car sa seule présence décidait du succès des armes. Faute de vivres, on fut forcé de s'éloigner, et on entreprit de délivrer Compiègne, que les Anglais assiégeaient.

En effet, Jeanne pénètre dans la ville malgré les ennemis. Sa présence double le courage des assiégés et transforme les timides en héros.

— Il faut tenter une sortie ! s'écrie-t-on de toutes parts.

Jeanne se met à la tête de cette troupe, qu'enflamme une ardeur belliqueuse et qui va affronter une armée. La fortune trahit de nobles espérances. Ecrasés par le nombre, les Français ne songent plus qu'à rentrer dans la ville. Un valeureux guerrier soutient leur retraite; seul il défie le destin et montre aux ennemis un front superbe et intrépide. Il est bientôt entouré ; mille voix lui crient de se rendre, mille bras le menacent; il défend sa liberté et sa vie avec un sangfroid pour lequel il n'y a pas d'expression, et, l'épée à la main, la contenance fière et calme, il se fraie un passage et parvient au pied du boulevard du pont. O surprise! ô douleur! la barrière est fermée. Le héros appelle... Ses cris se perdent dans les airs. Il frémit... Mourra-t-il d'une mort inutile ? Ce sang qui pouvait encore couler pour la patrie, sera-t-il vainement répandu ?... Poursuivi, assailli, il se défend et essaie de se dérober par la fuite à la honte de la captivité. Soin superflu! Un archer écossais le saisit et le renverse de cheval. On s'empare du héros. Une joie délirante bouleverse les figures; des accents sauvages retentissent dans les airs; le nom de Jeanne vole de bouche en bouche... C'était Jeanne, en effet.

Les Anglais de ces siècles barbares se déshonorèrent par une insigne lâcheté; ils imprimèrent une tache ineffaçable dans les pages de leur histoire : ils intentèrent à la jeune héroïne le procès le plus absurde; ils la firent condamner à être brûlée vive comme sorcière! Ce fut à Rouen que ce procès abominable fut instruit. Voici quelques-unes des sottes questions de son interrogatoire :

On l'interpelle de déclarer si Charles VII avait des visions.

— Envoyez-lui demander, répondit-elle.

Si les esprits célestes lui avaient promis qu'elle échapperait.

— Cela ne touche point mon procès.

Si elle changeait souvent d'étendard.

— Toutes les fois qu'il est brisé.

Si elle ne faisait point accroire aux troupes que son drapeau portait bonheur.

— Je ne faisais rien accroire ; je disais aux soldats : « Entrez hardiment au milieu des bataillons ennemis, » et j'y entrais moi-même.

Voyant qu'elle avait tout à redouter d'aussi atroces persécuteurs, Jeanne tenta de leur échapper. Elle eut le courage de sauter du haut de la tour de Beaurevoir, où elle était enfermée. Il y avait de quoi être brisée d'une telle chute ; comme par miracle, elle ne fut qu'étourdie du coup. Mais le bruit qu'elle fit en tombant avertit la sentinelle ; on accourut, l'infortunée fut reprise et enfermée dans une cage de fer. On poussa la démence jusqu'à dire qu'elle avait attenté à ses jours, et on l'accusa du crime de suicide.

Malgré l'inique sentence prononcée contre elle, Jeanne était si forte de la pureté de sa conscience, qu'elle ne pouvait se persuader que les hommes pousseraient la bassesse et la cruauté jusqu'à la faire périr comme une criminelle. Lors même qu'on vint la chercher pour la conduire au bûcher, elle s'écriait encore dans le trajet :

— O Rouen! Rouen! seras-tu donc ma dernière demeure!...

Arrivée enfin au lieu du supplice, l'infortunée ne peut douter davantage de sa cruelle destinée ; elle pâlit, verse des pleurs et demande un crucifix, afin de porter ses derniers regards comme ses dernières pensées sur l'image de Jésus-Christ subissant un supplice ignominieux. Un soldat anglais, ému de compassion, rompt un bâton dont il forme une croix; Jeanne reçoit avec reconnaissance ce signe révéré des chrétiens ; elle y imprime ses lèvres, le place sur son sein, monte sur le bûcher, et bientôt exhale son dernier soupir en prononçant le nom de Jésus... Elle était âgée de dix-neuf ans. Son cœur, ce cœur si généreux, fut respecté des flammes ; on le retrouva tout entier au milieu du bûcher.

Sur son bûcher, cette héroïque enfant, les mains

jointes, le regard dirigé vers le ciel, appela de la sentence inique de ses juges à la justice de Dieu.

Eh bien ! Dieu voulut faire éclater sa justice à son égard aux yeux des hommes ; car il ne permit pas que le chef de l'infâme tribunal quittât ce monde sans avoir subi la peine due à son crime. Au bout de quelque temps il fut lapidé par le peuple. Les juges qui avaient condamné la jeune héroïne furent condamnés à leur tour, et subirent la peine du talion, c'est-à-dire qu'ils périrent au milieu des flammes. L'histoire a conservé leurs noms pour les couvrir de honte.

MARIE DE POUZZOL.

Les historiens nous ont aussi transmis le nom d'une fille née dans la terre de Labour, qui s'est signalée sous les armes et comme brave guerrière et comme vaillant capitaine ; mais du moins celle-là, en sortant du berceau, avait fait présager ce qu'elle serait un jour. Il s'agit de Marie de Pouzzol, ainsi surnommée parce qu'elle était d'une honnête famille de la ville de ce nom, dans le royaume de Naples.

Dès l'enfance, elle témoigna du dégoût pour les occupations de son sexe; au lieu d'aiguilles et de quenouilles, elle aimait à manier des arcs, des flèches, des piques, des épées, des boucliers, des casques. Dès que l'âge le lui permit, elle s'occupa de travaux pénibles, d'exercices violents; elle accoutuma son corps à souffrir la faim, la soif, le chaud, le froid. Elle mangeait très-peu, ne buvait jamais de vin; elle s'habituait à veiller et dormait le plus souvent à terre, la tête appuyée sur un bouclier. Ce fut par là qu'elle acquit une force dont on était surpris, et la faculté de supporter facilement les plus grandes fatigues. S'étant mêlée parmi les guerriers pour la défense de sa patrie, elle se distingua dans beaucoup de combats par son courage et par son talent comme capitaine

Dans les circonstances difficiles, elle savait joindre la ruse au courage, et son esprit fertile en ressources imaginait des stratagèmes par lesquels elle assurait le succès de ses expéditions; elle combattait également à pied comme à cheval, marchait toujours la première contre l'ennemi et ne se retirait jamais que la dernière.

Plutarque, qui l'a connue, rapporte qu'elle était

grande, bien faite, de très-bonne mine, et d'une force extraordinaire. Ce qui lui fait le plus d'honneur, c'est que, passant sa vie au milieu des gens de guerre, la licence des camps n'influa point sur son noble caractère, et qu'elle se conduisit toujours avec sagesse. Elle mourut en héroïne, d'une blessure reçue dans une bataille où son courage s'était signalé plus que jamais.

DONA MARIE DE GOA.

Dona Marie, jeune Portugaise, existait en 1683.

A cette époque, Sambaji, roi de Visapour, dans les Indes orientales, prit pied dans l'île de Goa et s'y retrancha pour attaquer la ville; mais dans une sortie, dona Marie, à la tête d'hommes intrépides, s'empara d'une redoute, tailla en pièces tous les ennemis qui s'y trouvaient, ce qui jeta une telle terreur parmi les assaillants, qu'ils se retirèrent à la hâte, abandonnant leurs projets. On accorda à cette héroïne la paie de capitaine.

VICTORINE MARULLE.

Sous le règne de Mahomet II, les Turcs firent une descente dans l'île de Lesbos (aujourd'hui Mételin) et attaquèrent Cochino qui en était la capitale. Le combat fut très-opiniâtre de part et d'autre ; enfin, les Turcs avaient fait une brèche pour monter à l'assaut. Le gouverneur, nommé Marulle, homme des plus braves, accourut en cet endroit, où il perdit la vie les armes à la main, en renversant les plus téméraires, qui l'entraînèrent dans leur chute. Victorine, sa fille, combattait à ses côtés. Ce qui se passe exalte son courage ; elle descend par la brèche, frappant de son épée tous ceux qui se présentent, et arrive ainsi jusqu'au corps de son père. Sa hardiesse l'a fait suivre de l'élite de la garnison ; les Turcs sont tellement assaillis, terrassés et repoussés, qu'ils ne songent plus qu'à se rembarquer et à s'éloigner de ces parages.

Le lendemain, la flotte vénitienne qui venait au secours de la ville, croyant arriver au combat, ne se trouva qu'à une fête. Le peuple et les magistrats de Cochino vinrent présider au débarquement, ayant amené en triomphe leur libératrice. Le commandant de la flotte, ayant rangé l'armée sur le rivage, fit l'éloge de Marulle et termina sa harangue en proposant à cette héroïne de choisir pour mari celui de ses capitaines qui lui plairait le plus, avec promesse de la faire adopter par la république. La jeune fille répondit :

— La différence est grande entre les vertus guerrières et les vertus de ménage ; un excellent capitaine pourrait bien n'être qu'un mauvais époux. Le mariage n'étant pas une milice, le hasard serait trop grand et l'élection trop téméraire de choisir un mari sous les armes et de l'adopter sur un champ de bataille.

Cette réponse pleine de sagesse annonce que Victorine Marulle n'était pas moins méritante comme fille réfléchie que comme combattante intrépide.

MARIE PITA.

Voici un autre exemple du même genre.

En 1589, les Anglais assiégeaient La Corogne ; ils avaient fait brèche aux remparts, et la garnison espagnole parlait de capituler. Marie Pita, jeune fille de la colonie, reprocha à la troupe d'oser parler ainsi; puis, arrachant des mains d'un soldat son épée et sa rondache, elle courut à la brèche en s'écriant que quiconque avait de l'honneur devait la suivre. De ce feu martial, il jaillit dans le cœur des soldats et des habitants des étincelles qui les enflammèrent du désir de la gloire. Les uns et les autres suivirent les pas de la jeune héroïne et chargèrent l'ennemi avec tant d'intrépidité qu'après lui avoir tué quinze cents hommes, ils le forcèrent de lever le siége. Philippe II, roi d'Espagne, récompensa la valeur de Marie Pita en lui accordant pour toute sa vie la pension d'officier.

MARGUERITE SFORCE.

Jacques Sforce, qui devint grand-connétable du royaume de Naples et dont les descendants devinrent ducs de Milan, était fils d'un pauvre cordonnier de Cotignola, petite ville de la Romagne. Ayant embrassé la carrière des armes, il acquit une réputation guerrière, ainsi que l'ont fait un grand nombre de généraux de l'époque présente. Sa bouillante ardeur l'avait fait tomber entre les mains de l'ennemi, et il courait risque de terminer ainsi sa brillante carrière. Mais il avait une sœur de dix-huit ans, nommée Marguerite, digne d'un tel frère. Elle prend un costume de guerrier, s'arme de pied en cap, sollicite le secours de quelques amis et parvient à lever une troupe de gens déterminés à la suivre. Elle marche avec tant d'audace, qu'elle s'empare de Tricarico, place forte, après quelques jours de siége.

Le comte de la Marche, commandant de l'armée ennemie, envoie à cette jeune guerrière deux officiers parlementaires, chargés de lui signifier que, si dans vingt-quatre heures elle n'évacue point la ville dont elle vient de s'emparer, il fera couper la tête de son frère.

— Nous ne sommes point intimidés de vos menaces, lui répond la jeune héroïne; mon frère ne craint point la mort; jamais un guerrier tel que lui n'achètera la vie par une lâcheté. Dans tous les cas, les jours de vos envoyés me répondront de ceux de mon frère.

Effectivement, Marguerite avait fait enfermer les deux officiers, et, pour obtenir leur liberté, le comte de la Marche fut obligé de remettre Jacques Sforce entre les mains de sa courageuse sœur.

MADEMOISELLE DE MONSIGNY.

Mlle de Monsigny, fille d'un officier de la Bastille, se trouvait hors de cette forteresse lorsque le peuple de Paris vint en faire le siége, le 14 juillet 1789. Les assiégeants, rencontrant cette jeune personne dans les bâtiments du gouverneur, la crurent fille du chevalier Delaunay.

— Tuons-la, s'écrièrent les forcénés, ou que son père rende la place.

— Tuez-moi, répondit cette courageuse enfant, M. Delaunay ne s'écartera pas de son devoir.

On la jette sur un monceau de paille où l'on allait mettre le feu, elle s'évanouit. M. de Monsigny voit, du haut de la tour, sa fille prête à être brûlée vivante. Vite il accourt..., mais il est atteint et renversé de deux coups de fusil. Un homme plus sensible que les autres, nommé Aubin Bonnemère, voyant l'attentat que l'on va commettre, écarte la foule homicide, enlève la jeune victime à ses lâches bourreaux et la met en sûreté. La réponse pleine de noblesse de cette intéressante personne et l'acte d'Aubin Bonnemère valurent à l'une une couronne civique et à l'autre un sabre d'honneur, récompenses qui leur furent données à l'hôtel de ville, le 5 février 1790. La couronne fut présentée par le maire à Mlle de Monsigny, qui la posa aussitôt sur la tête de son libérateur.

BLANCHE DE BEAULIEU.

Commandant en chef pour la république dans la Vendée, Marceau était âgé de vingt-quatre ans; il avait noblement conquis tous ses grades sur les champs de bataille; il était humain, car ce sentiment est inné dans le cœur du vrai brave; il n'y a de férocité que chez les hommes cupides, et la soif des richesses ne maîtrisait nullement ce jeune défenseur de la patrie.

On rapporte que lorsqu'il combattait sur les bords du Rhin, un jour qu'il avait remporté une victoire sur l'armée autrichienne, se trouvant réuni le soir au quartier général avec sa sœur et quelques amis, ceux-ci lui parlèrent de ses glorieux faits d'armes et des conquêtes qui devaient en être la suite.

— La guerre, s'écria Marceau, fait le malheur du monde. Ah! puisse la paix descendre sur la terre! Comme les anciens guerriers de Rome, nous irions cultiver les champs. J'ai 200 louis; voilà de quoi faire un bon voyage et arriver honorablement au pays. (Il était de Chartres.)

Qu'il est beau de voir ce jeune général en chef se trouver heureux, satisfait de posséder 200 louis! quel noble désintéressement!

Marceau commandait donc l'armée républicaine en Vendée, au fameux combat du Mans, où l'armée royaliste éprouva le plus épouvantable revers, après s'être signalée par des prodiges inouïs de la plus rare vaillance. Au moment le plus terrible de la défaite, Blanche de Beaulieu, jeune fille de dix-sept ans, belle comme ces divinités qu'Homère représente le casque en tête et la lance à la main, poursuivie par des soldats de la république, tombe expirante aux pieds du général :

— Sauve-moi! s'écrie-t-elle; préserve-moi d'être

massacrée, comme en pareil cas je t'eusse préservé moi-même.

Le jeune guerrier la relève, fixe les yeux sur une figure céleste, et, subitement ému jusqu'au fond de l'âme, il fait respecter les jours de sa prisonnière, qu'il confie à une famille vertueuse.

Une loi atroce punissait de mort le républicain qui faisait grâce à un royaliste pris les armes à la main. Marceau fut dénoncé. Tout se préparait pour son jugement, lorsque le député Bourbotte, qu'il avait préservé de tomber entre les mains des Vendéens au milieu d'un combat, accourt, se présente au tribunal, demande les pièces du procès et, dans son indignation, les déchire.

Mais ni la protection de ce député ni les instances de Marceau ne purent sauver la jeune Vendéenne de la fureur d'une commission militaire présidée par deux proconsuls exécuteurs des décrets de l'assemblée dite Convention nationale. Ces hommes sanguinaires la firent arracher de l'asile où Marceau l'avait cachée. Condamnée, malgré son âge, à mourir sur un échafaud, Blanche de Beaulieu fit remettre, par un ami de sa famille, son portrait au guerrier dont la pitié et les traits pleins de douceur s'étaient gravés dans son cœur reconnaissant. En marchant au supplice, elle plaça sur ses lèvres une rose artificielle dont un jour la main de Marceau avait orné ses beaux cheveux. La tête de cette Vendéenne ne fut pas plus tôt tombée sous la hache révolutionnaire, que le bourreau la saisit pour la montrer aux assistants. Le peuple épouvanté crut qu'elle vomissait des flots de sang... C'étaient des feuilles qui se détachaient de cette rose que la bouche encore animée pressait dans les convulsions de la mort!

Marceau, désespéré, aurait peut-être suivi cette infortunée victime dans la tombe, sans les consolations de sa tendre sœur, à laquelle il était fort attaché. Le souvenir cruel des derniers moments de Blanche de Beaulieu se retraçait sans cesse à son imagination, et, longtemps après, lorsqu'il parlait de cette jeune guerrière, la douleur suspendait son récit, il ne pouvait retenir des pleurs brûlants de rage.

Ah! pour les cœurs sensibles, combien il est poignant de tourner ses armes contre des compatriotes, quelles que soient leurs opinions! et qu'il était cruel alors d'avoir à combattre contre une population héroïque, où le sexe même prenait les armes en faveur de l'antique monarchie française !

—

THÉRÈSE MOELIEN ET ANGÉLIQUE DÉSILLES.

Le comte de la Rouarie est le premier dont il soit fait mention dans l'histoire des guerres de la Vendée. Il forma, dès 1791, une vaste coalition de royalistes déterminés à sacrifier leur existence pour le soutien de la monarchie. Thérèse Moelien, de Fougères, jeune, belle et courageuse personne, le seconda noblement dans sa généreuse entreprise ; elle lui était attachée et par les liens du sang et par les liens de l'amitié. Le suivant partout sous l'habit d'amazone, elle partageait ses dangers et lui gagnait partout des partisans. Elle courut ainsi de château en château, de village en village, armée de toutes pièces et passant souvent les nuits dans les forêts, tantôt au pied d'un chêne, tantôt au fond d'une grotte.

Le comte de la Rouarie et Thérèse, son aide de camp, furent dénoncés publiquement à la tribune de la société populaire de la ville de Rennes, après l'épouvantable catastrophe du 10 août 1792. Tous deux se trouvaient réfugiés au château de Laguyomarais, à une lieue de Lamballe, lorsque la Rouaric fut atteint d'une fièvre ardente dont un redoublement le conduisit au tombeau du moment qu'il apprit l'assassinat juridique du vertueux Louis XVI. Il venait d'être inhumé là secrètement, lorsque le jardinier du château trahit le refuge de Thérèse Moelien, qui fut de suite arrêtée, traduite au tribunal révolutionnaire avec vingt-sept autres Vendéens, et condamnée à avoir la tête tranchée, ainsi que onze autres de ses coaccusés.

Au pied de l'échafaud tous s'embrassèrent avec effusion de cœur et moururent en criant *vive le roi!*

Avec Thérèse Moelien se trouvait Angélique Désilles, sœur d'un jeune et brave officier qui a illustré son trépas en sacrifiant sa vie à Nancy pour conserver celle d'un grand nombre de personnes. La fin tragique d'Angélique Désilles ne fut pas moins héroïque que celle de son frère; car se voyant condamnée au lieu et place d'une sœur aînée, elle préféra périr plutôt que d'éclairer le tribunal sur sa méprise.

JEANNE ROBIN.

L'histoire a rendu à jamais célèbre le nom de la marquise de La Rochejaquelein ainsi que celui de la marquise de Bonchamp. Dans ses intéressants *Mémoires*, Mme de La Rochejaquelein cite une jeune paysanne du village de Courlay, nommée Jeanne Robin, qui, depuis le commencement de cette guerre, n'avait cessé de combattre avec le plus grand courage; c'était, selon les Vendéens, une fille miraculeuse, la Jeanne d'Arc de la Vendée.

« Quelque temps avant l'affaire de Thouars, dit-elle, un soldat m'avait abordée à la Boulaye, en me disant qu'il voulait me confier un secret. C'était une fille; elle désirait changer sa veste de laine pour une des vestes de siamoise que l'on distribuait aux soldats les plus pauvres. Craignant d'être reconnue, elle s'adressait à moi, en me suppliant de n'en rien dire à M. de Lescure. Je sus qu'elle s'appelait Jeanne Robin, de Courlay. J'écrivis au curé de sa paroisse. Il me répondit qu'elle était fort honnête fille, mais que jamais il n'avait pu la dissuader d'aller se battre. Elle avait communié avant de partir. La veille du combat de Thouars (14 septembre 1793), elle vint trouver M. de Lescure et lui dit : « Mon général, je suis une fille; Mme de « Lescure le sait, et elle sait aussi qu'il n'y a rien à « dire sur mon compte. C'est la bataille demain, « faites-moi donner une paire de souliers. Après « que vous aurez vu comme je me bats, je suis « sûre que vous ne me renverrez point. »

« En effet, elle combattait sans cesse sous les yeux de M. de Lescure ; elle lui criait : « Mon gé- « néral, vous ne me passerez pas, je serai toujours « plus près des bleus que vous. » Elle fut blessée à la main, et cela ne fit que l'animer davantage ; elle lui montra sa blessure, en disant : « Ce n'est rien « que cela. » Enfin, elle fut tuée dans la mêlée où elle se précipitait avec une rare intrépidité.

Il faut dire ici que beaucoup de Vendéens n'avaient aux pieds que des sabots, chaussure incommode pour un soldat ; c'est pourquoi Jeanne Robin demandait des souliers. Il faut dire également que lors de la première organisation, on ne tolérait point de femmes dans les rangs des combattants ; c'est encore ce qui faisait dire à Jeanne que son général ne la renverrait point quand il l'aurait vue se battre aussi courageusement qu'un homme.

MESDEMOISELLES DE COUËTUS ET DE LA ROCHELLE.

Ces jeunes personnes qui combattaient dans la division du général en chef Charette, furent des dernières à l'escorter, lorsqu'à la fin de la guerre de la Vendée, il cherchait à échapper aux troupes de la république qui le suivaient à la piste.

Atteintes dans la forêt de Gralo par des dragons républicains qui les sommèrent de se rendre, elles résistèrent par le plus généreux dévouement. Toutes les deux furent violemment blessées en se défendant. Mlle de Couëtus reçut un coup de sabre à la tête, qui la fit tomber de cheval. Baignée dans son sang, à terre, sous les pieds des chevaux, elle criait encore *vive le roi !* Les soldats la prirent et la jetèrent sur une charrette, pour être conduite aux sables. Un officier des dragons, touché de son malheur, et qui avait admiré son courage, lui donna un mouchoir pour mettre sur sa blessure, et s'éloigna au galop. Quand elle voulut étancher son sang avec ce mouchoir, elle s'aperçut qu'il y avait plusieurs pièces d'or attachées dans un nœud.

Mlle de la Rochelle ne fut prise qu'après avoir reçu sept coups de sabre. Malgré toutes ses blessures, elle restait debout au milieu des balles qui sifflaient sur sa tête, et se défendait avec un admirable courage, en pensant qu'elle retardait des hommes acharnés à la poursuite du célèbre général.

FIN

TABLE.

	PAGES
CHAP. I. — HÉLÈNE ET ERNESTINE, OU LES JEUNES FILLES CHARITABLES.	7
CHAP. II. — RENÉE MAUNOIR, SURNOMMÉE SŒUR PROVIDENCE.	27
CHAP. III — PRINCESSES CITÉES DÈS LEUR JEUNE AGE POUR LEUR BIENFAISANCE.	37
Élisabeth (de Hongrie) travaille pour les pauvres et fonde un hôpital.	45
Élisabeth (de France), sœur de Louis XVI, s'occupe beaucoup des pauvres.	51
Henriette de France, trait de bienfaisance.	41
Lecziuska (Marie), belle action et prédiction qui lui est faite.	39
Marie-Antoinette, reine de France, beaux traits de son jeune âge.	47
Marie-Thérèse-Charlotte, duchesse d'Angoulême, fonde un hospice.	42
Vaudemont (Louise de), princesse bienfaisante.	37
CHAP. IV. — JEUNES HÉROÏNES DE LA PIÉTÉ FILIALE.	53
Beauvolliers (Mlle de) préserve sa mère des noyades.	80
Châteaubriand (Justine-Nicolette de) veut partager le sort de sa mère.	53
Choiseul (Stéphanie de) obtient la liberté de son père.	59
Delleglace (Joséphine) préserve son père de la mort.	76
Desroches (Catherine) refuse de se marier pour ne point quitter sa mère.	67
Gagnière (les demoiselles) offrent leur vie pour sauver leur mère.	75

Gohard (Honorine) sauve la vie à son père dans un incendie.	64
Hervé de la Bauche préserve son père de la mort. . . .	73
Lopolow (Catherine), jeune Russe, libératrice de sa famille.	62
La Rochefoucault (Mlle de) sauve son père condamné à mort.	77
Marcy (Marie-Françoise) refuse de se marier pour prendre soin de ses parents.	65
Martange (Sophie de), trait de reconnaissance	70
Morus (Marguerite), trait de piété filiale.	69
Roucher (Eulalie), modèle de la piété filiale.	72
William (Éléonore) meurt sur la tombe de son père. .	68

Chap. V. — Jeunes Filles qui veulent périr avec leurs Mères 83

Biliais (Mlle de la) refuse la vie pour mourir avec sa mère.	85
Bois-Bérenger (Mlle de) se réjouit de mourir avec sa mère	87
Jourdain (Félicité) refuse la vie pour mourir avec sa mère	84
Sainte-Amarante (Louise) se réjouit de mourir avec sa mère.	86
Soissande (Mlle de) refuse la vie pour mourir avec sa mère	83

Chap. VI. — Mademoiselle de la Métairie, ou la tendre Sœur. 89

Chap. VII. — Henriette, Hélène et Agathe Watrin, ou les vierges de Verdun. 95

Chap. VIII. — Jeunes Personnes qui se sont distinguées par leur Science. 98

Athénaïs, fille d'un philosophe athénien, devient impératrice d'Orient.	98
Cassandre (Fidèle), surnommée l'ornement de l'Italie. .	100
Christine de Suède, à l'âge de six ans, parle latin à des ambassadeurs.	104
Karschin (Anne-Louise).	108
Lefèvre (Anne).	107
Lejars (Marie), jeune savante du seizième siècle. . . .	105

214　　　　　　　　TABLE.

Marguerite de Ravenne, jeune aveugle savante 110
Marie Stuart, célèbre par ses talents et ses malheurs. . 103
Nogarole, trois jeunes savantes. 101
Philippa, jeune négresse devenue poëte. 110
Yolande de Céo, jeune Portugaise, poëte dramatique. . 105

CHAP. IX. — JEUNES FILLES RENOMMÉES DANS LES ARTS,
OU DANS LES HAUTES PROFESSIONS DE LA SOCIÉTÉ. . 113

Aubin, fille d'un officier français, se distingue comme
　orateur. 116
Charpentier (Julie) se distingue dans les arts. 114
D'Éon de Beaumont, jeune savante, diplomate et guer-
　rière. 119
Kauffmann (Angélica) jeune peintre distinguée. 115
Marcile (Euphrosine), jeune Romaine célèbre par ses
　talents et son amour filial. 117
Rosères (Isabelle de), célèbre par son talent oratoire et sa
　bienfaisance. 116
Schurmau (Anne-Marie de), prodige de talent dès son
　jeune âge. 113

CHAP. X. — ACTES DE COURAGE ET DE DÉVOUEMENT DE
JEUNES FILLES POUR SAUVER LEURS SEMBLABLES . . 122

Berteau (Caroline) se distingue par sa bienfaisance lors
　du choléra. 137
Détrimont (Célestine) sauve quatre malheureux prêts à
　périr du typhus. 134
Doucerat, jeune paysanne, préserve son frère de la mort. 125
Fontanié (Laurence) sauve deux hommes qui se noyaient. 133
Guinehaud (Catherine-Élisabeth) sauve deux enfants qui
　se noyaient. 131
Lorain (Lætitia), jeune orpheline, sauve une enfant qui se
　noyait. 134
Macedonia (Camilla), jeune Sicilienne savante et coura-
　geuse. 122
Mariette (Françoise), orpheline à onze ans, remplit les
　devoirs d'une mère de famille. 123

TABLE. 215

Matthieu (Marie) se dévoue pour sauver la vie à sa maîtresse.	136
Maupin (Émilie), jeune fille de treize ans, sauve un enfant qui se noyait.	132
Renaudineau (Rose) sauve un soldat qui se noyait.	128
Robaine (Catherine), jeune paysanne, expose sa vie pour sauver l'enfant de ses maîtres.	129
Vassent (Catherine) sauve trois ouvriers qui allaient périr.	126

CHAP. XI. — JEUNES FILLES QUI SE SONT DISTINGUÉES PAR DES VERTUS SOCIALES 142

Darlaise (Lucie), belle action de civisme.	155
Daubencourt (Sylvine-Juliette), distinguée par d'éminentes qualités.	151
Frechtein (Élisabeth-Laurence), soutien de sa mère.	148
Fundana (Lilia), jeune Romaine, modèle de sagesse et de vertu.	142
Harmonia, fille du roi Gélon, offre sa vie pour sauver celle d'une généreuse personne.	146
Jeunes Otages de Marie-Antoinette.	156
Lecamus (la demoiselle), beau trait de bienfaisance.	154
Leguet (Éléonore), trait de présence d'esprit et de piété.	150
Mallard (Louise), fille bienfaisante couronnée par l'Académie.	162
Priour (Marie), jeune Nantaise, modèle de reconnaissance.	163
Scheppler (Louise) fonde les premières salles d'asile pour l'enfance.	158
Witsbury (Adélaïde de), ou la pieuse pensionnaire.	147

CHAP. XII. — JEUNES CHRÉTIENNES QUI ONT SOUFFERT LE MARTYRE. 168

Agathonice (sainte) se jette dans le bûcher où mourait son frère.	174
Alodie, jeune martyre.	170
Bérénice (sainte), martyre à douze ans.	175
Catherine (sainte) d'Alexandrie, preuve de la science de cette jeune martyre.	176

Denyse (sainte) souffre le martyre à seize ans. 172
Eulalie (sainte) souffre le martyre à douze ans. 168
Foy (sainte), jeune Française, martyre. 177
Héraïs et Potamienne, jeunes martyres d'Alexandrie... 173
Martyres (les) de Tuburbe. 174
Maure (sainte), martyre à quinze ans. 172
Numillon, jeune martyre. 170
Théodosie (sainte), martyre à dix-sept ans. 171

CHAP. XIII. — JEUNES HÉROÏNES GUERRIÈRES QUI SE SONT DISTINGUÉES EN COMBATTANT POUR LEUR PAYS. . . 179

Blanche de Beaulieu, jeune héroïne vendéenne. 202
Clélie et Gorgo, ou l'amour de la patrie. 179
Couëtus (Mlle), jeune guerrière vendéenne. 210
Désilles (Angélique) meurt pour sauver sa sœur. . . . 206
Jeanne d'Arc, jeune héroïne française. 182
Marie (dona de Goa), jeune héroïne portugaise. . . . 196
Marie de Pouzzol, jeune héroïne napolitaine. 194
Marulle (Victorine), jeune héroïne de l'île de Lesbos . . 197
Moelien (Thérèse), jeune guerrière vendéenne. 206
Monsiguy (Mlle de), courage de cette fille d'un officier de la Bastille. 201
Pita (Marie), jeune héroïne espagnole. 198
Robin (Jeanne), jeune guerrière vendéenne. 208
Rochelle (Mlle de la), jeune guerrière vendéenne . . . 210
Sforce (Marguerite), jeune héroïne italienne. 199

FIN DE LA TABLE.

Rouen. Imp. MÉGARD et Cie, Grand'Rue, 156.

www.ingramcontent.com/pod-product-compliance
Lightning Source LLC
Chambersburg PA
CBHW051920160426
43198CB00012B/1971